背中の羽根に気付いたら
私が飛んだCANADA ⊙ Toronto生活

文・絵・写真 直美

文芸社

Contents

詩〈まえがき〉　6

1： Background　8
2： English to me　15
3： Plan　21
4： Before it　26
5： Go to Canada　31
Just One Word*1 —— study before going　36
6： Homestay　38
7： Language school　47
Just One Word*2 —— the ways to study　54
8： The view of Toronto　56
9： Sightseeing　65
10： Old and new　73
11： Food　77
Just One Word*3 —— how to work　85
12： My favourite　88
13： Montreal/Quebec　94
14： Niagara Falls　102
Just One Word*4 —— animals　108
15： People　111

Just One Word*5 —— pronunciation 124

16 : The end of it 126

17 : Dream 135

Thanks 147

P.S. 〈あとがきにかえて〉 150

詩〈まえがき〉

今は外側から見る事ができる。
私を取り囲む世界がどんなに小さかったのか。
気付いた時が少々遅かったとは思う。
でも、気付いただけよかった。
世の中どんどん国際化されているとはいえ、
世界がこんなに広い事を知らずに人生を送っている人は、
まだまだたくさんいるのだ。

"当たり前"を変えていくのは決して簡単ではない。
人はとても残酷で、他人のやる事にいちいちケチを付けるもの。
たとえばそれがどんなに素晴らしい事だとしても、
人はそれをねたみ、悪く言ったりもするのだ。
どんな事をしててもよく思われないなら、
一度しかない人生、自分の信じた通り歩いて行くべきだ。
人のことなんて気にすることはない。

それが犯罪でないなら、自分の選択に自信を持てばいい。
人は、自分の責任において、常に自由であるべきだ。
人生に決まった答えなどない。
"人と同じであること"が"正しいこと"なのではない。
自分が選んだ道、それこそが、
自分だけの正解。

私にとって、それはありふれたきっかけから始まった。
それを始めた時、この先起こることなど思いも付かなかった。
人生やってるといろんな事が起こるもの。
そして、たとえそれがツライ事だらけだったとしても、
いつか笑って言えるようになる。
「だから人生ってオモシロイ」って。

悩みや迷いが消えた今、
暗く長かったトンネルの先にやっと見えてきた一筋の光。
どうやら私の背中では、
小さな羽根が飛び立つ準備を始めたらしい…。

1 : Background

　私はいわゆるフツーの主婦だった。いや、ひょっとしたら、普通だと思い込んでいただけで、実際には少し変わった面を既に持っていたのかもしれない。

　幼い頃家庭でイロイロあった割にグレる事もなく、至って真っ直ぐに育ってはきた。しかしどこか冷めていて臆病で、しかも世の中や大人の世界を恐れていた子供時代。誰からも「しっかりしている」と言われ続け、「しっかりしなければならない」と、子供なりに妙な責任感を感じていた。心の中には不安ばかりを抱えていたのに、いつも大人達の期待に応えようと必死だった気がする。その当時、不安定だった我が家の家庭環境の中で、大人の顔色を窺ってばかりいながらも、子供の頃何度か母に投げかけた疑問は、

「何でウチは普通じゃないの？　普通の家に生まれたかった…」

だった。子供だった私の目には、よその家庭がことさら幸せそうに映った。「ウチは普通じゃない」そう思い、平凡に暮らすことが何よりの幸せに違いないと、"フツー"にあこがれていた。今の彼らからは決して窺い知ることは出来ないが、当時私の両親は不仲で、来る日も来る日もひどいケンカの絶えない家庭だったのだ。何年も続いたそんな関係を何年もかかって修復した両親は、当初は想像もできなかった"平和で幸せな家庭"を、ようやく取り戻したのだった。自分達の過去の経験から、

努力で勝ち取った"シアワセ"、というものが何なのか、彼らは確固たる信念を持っていたので、私が年頃になる頃から、その持論を教え続けてきた。

シアワセ ＝ 夫婦２人がいつも一緒にいる事。

　　　夫婦とはこういうもの。

　　　妻とはこうあるべき。

　両親は今でも私と弟に対して、少なからず罪の意識を持っているらしい。子供時代に辛い思いをさせたと。だからこそ彼らは、私達子供には自分達と同じ苦しみを味わって欲しくないと、普通以上に強く願っていた。子供達は幸せな家庭を持てるようにと、自分達が出来る限りの事をして、早くから「平凡な幸せ」への道しるべの役割を担っていたのだ。実際私もそれを信じて疑わなかった。波風立たないフツーの家庭の平凡な主婦になること、それこそが目指すゴールに違いないと、いつの間にか私の中に"結婚至上主義"は巣くっていた。そしてまだ結婚前で交際中だった私と彼にも、両親はいろんな面で協力してくれていた。その後に待ちうける結婚生活のために、家族で協力して、既に最善の努力は尽くされていたのだ。こうした状況の中、理想の家庭を持つべく、今思えば結婚前から、私は"良い妻"を演じていたのかもしれない。もちろん上演中は「演じている」などとは思ってもいなかったが、とにかく私は結婚し、平凡な主婦を始めたのだった。

　自分で言うのも変な話だが、私はかなり良い妻だった。信じた道を忠実に歩んでいた。ダンナさんの帰りがどんなに遅くても、帰りを待ってから一緒に食事していたし、お惣菜売り場に

は目もくれずしっかり手料理を作り、前日の残り物が食卓に上ぼることなどほとんどなかった。疲れて帰ってくるダンナさんには何もさせず、まるでお手伝いさんのように身の回りの世話をしていた。クリーニングには頼らず、毎日溜まっていくＹシャツにはアイロンがけ。部屋はインテリア雑誌のようにきれいに飾り、ダンナさんの実家から何か届くと速攻でお礼状を書いた。嫁と姑の仲が悪くなる事が、ひいては「理想の家庭＝永遠の幸せ」を壊す事になると思っていたので、私なりに考えた最善のやり方で、"良い妻"をやっていたわけだ。しかし、どうかそこで勘違いしないで頂きたい。私は、"本当は悪い妻である私"を隠していたわけではなく、"あるべき姿の私"を「押さえ込んでいた」に他ならないのだ。自分で一番楽だと思える環境を作っていたつもりだったのに、"私が私らしくあること"を忘れていたらしいことに、後に気付く事となる。

　ところで、日本という国は少しヘンだとは思われないだろうか。もちろんどこの国だっていろんな面を持っている。しかし、これほどまでに自立していない国民性は、よそにはそうそうないだろう。子供はいつまでも親に依存し、親もまた子供に依存している。可愛いからといつまでも手元に置き、撫で回しているばかりで突き放す事をしない。子供が年頃になると結婚相手の心配をし、いざ結婚する時になっても「これが親としての最後の務めだから」と世話を焼き、自分達の夢見た理想の結婚式を望む。そしてまた結婚後も子供に期待し続け、今度は当然の事として孫を求める。

　近頃少しずつ変わってはきたが、私達の親の世代ではまだま

だ「夫婦は子供を持つのが当たり前」という観念が、根強く残っている。若い人でも、特にスンナリと子供を持つ事のできた人達は、「家庭＝子供＝幸せ」という意識を持つ傾向が強いように思う。「子供なしに幸せは語れない」と言わんばかりの勢いだ。そういう人達は、今の世の中にどれほどたくさんの"望んでも子供に恵まれない夫婦"がいるかに気付かない。そして悪気はないにしても、無神経な言葉、「子供はまだ？」「早く作った方がいいよ」といったものを浴びせかけ、多くの人を傷付けるのだ。これは精神的な事が大きく影響するデリケートな問題でもあるし、こういった"あたりまえ主義"もどうにかならないものかと思う。そして彼らは、「子供を持たない」という道を選択した人をも許さない。子供を持つ事こそが最高の幸せと思っている人には、わざわざその道を選ぶ人の気持ちが理解できないようだ。"子供を持たないなんて変わり者"だと結論付けて、自分を正当化しているようにも見える。子供の事だけでなく、多くの日本人は、人と同じ事をしていれば安心で、少し違った事をする人間を受け入れようとはしない、という傾向にあるように思う。そして、それが"個性"を失わせ、自分の世界を狭めている事を彼らは知らないだろう。残念ながら、以前は私もそういうタイプの人間だった。自分が当事者になって初めて、人の無情さを思い知らされ、私自身も事勿れ主義に徹していた事に気付いたのだ。

　私もいい加減疲れていた。型にはめられる事に疑問を感じ始めていた。結婚後ほんの２ヶ月ほどで既に、「健康な男女が一緒にいてまだ子供ができないなんておかしい」と言われたこと

がある。その後も、「できないなら（子宝に恵まれる）神社にでも行ったらどう？」「孫の顔も見せてやれないのは親不孝」などと、私にとっては心無い言葉での小さな攻撃は続き、それは終わりが見えなかった。その頃は私も子供を望んでいたが、すぐにはできなかったのだ。私は何のために結婚したのか？周りが望むから子供を作らなければならないのか？　悩むことが多くなっていった。市政までが広報を通じ、「××市ではこんな事をします。あんな事もします。だから心配要りません。少子化に歯止めをかけましょう」のような事を訴えてくる。なぜ、"市"に言われてまで子供を作らなければならないのだろう？　疑問は次々と沸き起こった。ブルーなトンネルから長い間抜け出す事ができず、本来の自分の姿さえ見失いかけていた。

　私がそれなりにいい子にしていただけに、周囲の期待は高まっていったのかも知れない。義父は長男だったので、やはり長男である自分の息子に「家を継いでもらう」ことを当たり前と思っていたようだ。転勤族で、まだこの先数十年は実家に帰ることのないであろう私達に、早くから大きな期待が重くのしかかっていた。自分の意思とはまったく別の所で、私の将来が決められているように思えてきた。もちろん、義父母は私にもとても良くしてくださっていたし、人から見れば悩むような事は何一つなかったに違いない。ただ私が必要以上に物事を重く捉えすぎていただけなのかもしれない。しかし私は、子供のことも含め、いろんな面で息苦しさを感じ始めていたのだ。そしてそんな思いを抱え始めてずいぶん経っても、まだ私は外にそれを見せずにいた。今の均衡を保てなくなる事を恐れていたのだ

ろう。結果的に"いい子にしていた私"は、両親や周囲の人間を安心させていたものと思われるが、私としては、スッキリしない気分を拭い去ることができずにいた。

　そんな中で私を救ったのが、英会話との出会いだった。その出会いの後、私はどんどん変わっていくこととなる。もちろんそれはプラスに働き、考え方も前向きになっていった。あれだけ悩んでいた子供の問題も、この世には「子供を持つからこその幸せ」と「持たないからこその幸せ」の両方存在する事に気付かされ、肩の力も少しずつ抜けていき始めたのだった。そこにこだわっていたのは、実は他人ではなく、私自身だったのかもしれない。つまらない事にとらわれ、自分で自分の首を締めていたに違いない。人とは違う「子供を持たない」選択をしても、私なりの幸せを作り上げる事ができるはず。これが私の選んだ道だと、堂々と胸を張って言えるようになり、自分らしく生きることに大きな幸せを感じられた。英語に出会ったことで、今まで見たことのない私自身の姿に出会うことができたのだ。そして、終わりの見えないトンネルの中でもがいていた私には、自分の進むべき道を見つけられそうな予感さえあった。私を取り巻く環境が、面白いくらいにどんどん変わっていくのを実感し、それまで経験したことのない清々しさを感じていた。

　もちろん、英会話を習うこと自体は、家族も大いに賛成していた。しかし、それに付随して開けた道に"主婦である"私が向かって行こうとすれば、両親は簡単には許してくれないだろうことは、私が一番よく知っていた。それでもそんな事などお構いなしに、英語は、強い力で私を新しい世界へと導いてくれ、

私もその流れに乗る事に喜びを感じていたのだ。今やっと、自分の足で人生を歩いているという確かな手応えがあった。こうして、フツーの主婦だった私が、少し"普通"ではなくなっていったのだった。

2 : English to me

　英会話を始めたきっかけは、イタリア旅行だった。こう言うと誰もがいぶかしがる。「イタリアはイタリア語。それが何で英語？」なのかと。

　友人とのイタリア旅行はもちろんツアー参加だった。彼女も私もイタリア語はおろか、英語さえ話せなかったから、添乗員のいるツアーこそが、安心で安全な旅を確保するための第一条件だった。

　イタリアのあるホテルのロビー付近で、私達2人がパンフレットなどの収集をしていた時の事だ。周囲には他に誰もいなかったので、すっかり気を抜いていた私達の側を、一人のフロント係が通り過ぎながら何かを言った。彼は立ち止まる事もなくその言葉を私達に投げかけたのだが、何を言われたのかまったく分からなかった。「今のは何？」と2人で顔を見合わせ、なんとなく耳に残った響きを改めて思い起こすと、それは「May I help you?」だった。そのたった一言だったのだ。気付いた私達が今さらながら苦笑したのは言うまでもない…。

　本当に情けなかった。イタリア人だから当然しゃべった言葉はイタリア語だろうと思い込んでいたのもあるが、英語を知っていれば難なく理解できたはずのフレーズである。英語圏でなくても、ホテルの従業員などが英語を話すのは当然の世の中だ。言いかえれば、英語を話せれば世界中どこに行っても、助けの欲しい時に意思の疎通ができる誰かを見つけられるという事

だ。もちろん、現地の人とコミュニケーションできれば、小さな旅も格段に素晴らしいものになるだろうことは必至である。英語の必要性を強く感じた瞬間だった。

　近所に某有名英会話スクールの新校ができたばかりだった事もあって、帰国後さっそく入学することを決めた。体験入学なるものをやってみると、予想以上におもしろかったのだ。外国人の人と２人きりになる機会を持つのはそれが初めてだったので、かなり緊張し舞い上がってはいたが、今でも忘れられない楽しい経験となった。そしてそれがキッカケで、今私は、生活に困らない程度に英語を話せるようになっている。確かにそれは大変大きな出費だったが、そのスクールのシステムのおかげで、短期間でもここまでの英語をものにできたのだから、決して無駄にはなっていない。胸を張って"自己投資"だと言える。自分のあるべき姿さえ見失いかけていた私には、このスクールが、まさに水を得た魚のように自分自身を取り戻すことのできた場所となった。そして英語が、自分の知らなかった自分を引き出してくれ、「私にもまだ何かできるかもしれない」と、自信を与えてくれる武器となっていったのである。

　そうして、私が英会話を習い始めてからおよそ１年が過ぎた頃だった。私は自分の英語に限界を感じ、どうしても乗り越える事のできない大きな壁を目の前にしていた。語学を学んでいると何度も壁にぶつかるものだが、今回の壁はあまりに高すぎて、乗り越えられる気配さえ感じられなかったのだ。その壁は、「流暢さ」だった。恥ずかしながら一応言っておくと、その時点での私の英語は、誰もが驚くほど飛躍的に進歩していた。

通っていたスクールでも話題になるほどのスピードでレベルアップしていた。短期間で進歩させたいがために、ほとんど毎日スクールに通い詰めていた。英会話とほぼ同時に始めたパート勤務は、想像をはるかに超える超多忙の接客業で、途切れる事のない客相手に４時間の立ち仕事。毎日相当疲れさせられた。そんな中、２時で仕事を終えた後、簡単に昼食を済ませスクールへ。その後９時までドップリとその環境に浸かる、という生活を約半年続けていた。自分で自分を苦しめていたようにも思う。それでもこのハードな生活を続けることのできた原動力は、「くやしい」という思いだった。何しろスクールに入学した時、私は文章を作ることもできなかったのだ。最後に英語を勉強した時から既に１０年以上経過していたし、昔習ったはずの事をほとんど思い出せず、しかも頭は働かない。勉強する事から遠ざかり過ぎていた事を後悔した。「I am ...」「This is ...」くらいしか言える事はなかった。情けない事に、これでは会話は成り立たないのだ。相手が言っている事を聞き取ることができないのだから。そしてそんな自分が少しずつだが英会話らしいことをできるようになってくると、今度は相手の言っている事がわかっても、自分の言いたい事を思うように言葉にできないもどかしさに苦しむようになった。何度くやし涙を流したか知れない。結果的にこの"くやしがり気質"が、短期集中型英語修得に向けての大きな原動力となったわけだ。しかしそこまでやっても、「流暢さ」の壁は高かったのだ。

　同じ習うなら正しく話せるようにならなければ意味がないと思っていたし、妙な所で几帳面になりすぎる性格も手伝って、

いつも正しい文章を作ろうとするあまり、頭の中で文章を組み立ててからでないと言葉が出てこなかった。失敗を恐れていたのもあるだろう。そんな私が他の生徒さん達を見回して、「この人はすごいな」と思えたのは、仮に文法が少々メチャクチャだとしても、次々と言葉が溢れ出してくる人達だった。そしてそういう人達のほとんどが、海外生活経験者だった。自分にはないその経験が、「流暢な英語」を手に入れる近道だと確信しながらも、それは無理だ、こうしてフツーの生活を送っている私には彼らを超えることは出来ない、今の生活では普段から英語を使う機会などそうそう巡ってはこないのだ、と自分に言い訳をしていたところもあった。

　もう一つ上げておきたい大きな原動力は、この英会話スクールで知り合えたたくさんの素晴らしい講師達だった。彼らの話はいつも興味深く、たくさんの刺激を与えられた。彼らは自分の責任において自由に世界中を飛び回り、魅力的で貴重な経験を豊富に持っていた。私の知らない世界がそこにはあった。そして同時に、私を取り囲む世界の小ささを思い知らされた。もし彼らと出会えなければ、私は今でも、退屈なつまらない生活を変えようともせずに、無駄な時間を過ごしていたに違いない。自分の英語の上達がなかなか見えずくやし涙を流すことが多々あっても、素敵な彼らに会いたいがために、日々スクールに通うことが出来たのだ。

　ここで、特に影響を与えてくれたJulieについて話そう。彼女はオーストラリア人で、大きな声でケラケラとよく笑う、明るい笑顔のキュートな人だった。年齢が私と一つしか違わない

2：English to me

同年代という事もあって大人の会話もできたし、何より彼女はとてもしっかりしていて思いやりがあり、聞き上手の話し上手だった。もう長く日本に滞在していたJulieは、この先の身の振り方についてしばらく悩んでいたようなのだが、突然、国に帰ることを決めてしまった。私は彼女をとても好きだったので、その決断を聞いた時はショックだったが、帰国の理由を聞いて感動すら覚えたのだ。それは、「また日本に帰ってくるために一時帰国する」、というものだった。彼女はその時パートで英会話スクールの講師をしていたのだが、とにかく日本が大好きで、日本語の勉強も相当がんばっていた。しかし、日本が好きなあまり、その仕事では満足できなくなってきたのであろう。パートでなく学校で正式教員として生計を立てながら、日本に腰を落ち着けたいと考えるようになるが、資格がない。そこで一旦国で大学に行き直し、資格を取ってからまた日本に帰ってくるというのだった。しかも、それには2年かかるという。彼女はまだ独身で、2年後再び日本に帰る頃には35才になっている。これは、私には"目からうろこ"のような計画だった。日本だとまず30代にもなると、何より周りがうるさいだろう。「結婚しろ」と。周りだけでなくその本人も、結婚に対してかなりの焦りを感じる人も多い年代だろう。そして、その年齢で改めて大学に行き直そうという人は、そんなにいないと思う。勇気ある決断だと思えた。私は何をやっているのだろうと、自分を恥じた。言い訳ばかりして、何もしようとしていないではないか。今の状況に文句ばかりつけていないで、やりたい事があるならやればいいのではないか。彼女の勇気は、私にも勇気

を与えてくれたのだった。

　いや、実は、彼女がしたような事が珍しいのは日本だけで、この私の考えも、ただただ日本的なものであったのかも知れない。年齢や結婚にこだわったり、現状維持に徹するという保守的な生き方。今では私も、そんな考えを聞くだけで、「なんて"日本的"なのだろう」と感じられる。というのも、私が出会った殆どの講師達は、将来を長い目で見据え、しっかりとしたビジョンでの将来設計を持っていたからだ。それは、例えば日本のように、良い会社に入って一生を捧げる、というような保守的なものではなく、自分のやりたい事を次々と実現する、夢のような計画だった。そんな話を聞く度、自分を振り返ると、恥ずかしい思いに駆られた。新しい事を始めるにはもう遅いだろうと年齢のせいにして、どこかであきらめを感じていた私は目を覚まされた。"英語"が結んだ出会いが、私を変え始めていた。

　世界は目覚しい勢いで国際化され、地球規模で英語が必須の世の中になりつつある。英語を話せる人はどんどん増えているようだし、日本でも大都会では英語を話せて当たり前。英語が仕事での武器になり得る時代も、もうじき終わるのかもしれない。それでも周囲を見回してみると、まだまだ英語から逃げている人が多いのも現実ではないだろうか。世界に目を向け、どこに行っても恥ずかしくない"武器"になり得る英語をものにしたいと、私の目標も大きくなっていった。そしてその強い思いこそが私をここまで導いてくれ、今でも持ち続けているこの目標によって、私は英語と戦い続けられているのだ。

3 : Plan

私にとっては充分過ぎるほどの理由があった。

* 英語をもっと流暢に話したい
* 常に英語を使わなければならない環境に身を置きたい
* 広い世界をこの目で見てみたい
* 雑音のない所で、外側から、今置かれている自分の環境を見つめ直したい
* "自分の"人生についてじっくりと考えてみたい

　私には、今しかないと思われた。思い立ったが吉日である。これまでのペースで英会話スクールに通うには、あとしばらくでレッスンチケットを買い足さねばならない時期でもあった。しかしその時点で、これまで通り足しげくスクールに通い詰めても、それ以上の進歩は簡単には望めないだろうと思われた。同じ大金を費やすのなら、現地での生活を選ぶ方が、より効率的に英語を上達させられ、しかも貴重な海外生活を体験できる。今の私にとって、選ぶべき最善の道だと確信した。
　実はその時の私には、もう一つ海外でやってみたい事があった。外国人に日本語を教える日本語教師だ。
　また英会話スクールの話に戻るが、ほとんど毎日顔を出していた私と講師達は、それなりに仲良くなっていたので、その頃日本語を習っていた講師達から、時々、日本語についての質問

を受ける事があった。私は日本語の教え方などまったく知らないし、当たり前に使っている日本語を、あえて理論的に説明することはとても難しかった。日本語でさえうまく説明できない事を、ましてやまだまだ充分でない英語でなんて、難しいことこの上なかった。しかし、私のつたない英語での必死の説明を、何とか理解してもらえた時のあの喜び！　理解しようとしてくれる彼らの気持ちもしっかりと伝わってきた。だから、多くの講師達が、母国に帰国後も教師になる道を選ぶのかと、ほんの少しだけわかった気がした。そして、ほんの一瞬でも日本語を見つめ直す事で、それまで興味の持てなかった日本に対して、大きな愛情のようなものをも感じられたのだ。日本だからこそ見られる自然や歴史的な建造物、そして日本語そのものの形や響きも、とても美しいのだという事に気付かされた。

　海外で日本語教師をできれば、常に英語を使える環境の中で、やってみたいと思っている事ができる。これはもうやるしかない。私の思いは確かなものになった。私の中で眠っていた"あるべき姿の私"が、いよいよ動き始めた。

　いくつかある英語圏の国の中から私が選んだ国は、カナダだった。英会話スクールで5カ国の英語を聞いていた私にとって、カナダの英語が一番聞き取りやすく、私のしゃべりたい英語だった。元々ヨーロッパが大好きな私にはイギリスも魅力的だったが、物価が高いのがネックになった。ブリティッシュイングリッシュも素敵だが、いろいろ考えて出した結論は、やはりカナダだった。くせのない聞き取りやすい英語を身に付けるのが目標だ。学歴もなく教師の資格もない私は、今の時点で教

師になることはできないが、現地の教師のアシスタントとして、日本語の授業に携わることのできるコースで参加したいと、心も決まった。年齢制限があるので既にワーキングホリデービザも取得できないし、ワーキングビザの取得は非常に難しい現状である。自分の持ち金を費やして、ボランティアでしか現地での就職体験はできない。もちろんこの計画は私の勝手で実行するので、私が独身時代から個人的に持っていたお金だけを使うつもりだった。日本でダンナさんに働かしておいて、自分はそのお金を湯水のように使うなんてことは、さすがに道理を外れてしまうだろう。ダンナさんなしで計画し実行することだが、ダンナさんの理解や協力なしには実現できないのだ。

　まずはそのダンナさんに、私のやりたい事を伝えなければならない。いろいろな留学斡旋会社から資料を取り寄せながら、自分なりに研究を重ねる中、ちょうど私の弟がうちを訪ねてくることになった。お互いのきょうだいとも友達のような付き合いをしていたし、第三者がいる方が冷静に話をする事ができるだろうと思った私は、この機会を利用した。言うまでもなく、こんな話を、私の両親は絶対に承知しはしないだろう事はわかっていた。そんな全てをわかっている弟は、私の良き理解者だったので、思った通り話は冷静に進められていった。ダンナさんの方もいたって冷静だった。実はそれまで私達夫婦は、結婚前も含め7年間、ケンカをした事がなかった。それもこれも、相手が感情を表に出さない人だったからだと思われる。この時も例外ではなかった。「いつかは留学すると言い出すだろうと思ってた」というのが第一声だった。私としては、日本語教師

アシスタントとしてどこかの学校に派遣されるなら、最低半年は滞在するべきだと思っていたのでそれを伝えると、さすがに半年は長いと、ダンナさんも弟も口を揃えた。それは私が主婦だから。まだ独身だったら、問題はなかっただろう。ダンナさんをほおっておいて、主婦たるものが半年も家を空けるなどということを理解してもらうのは、無理そうだった。

　それでも私は自分の意思を貫くつもりでいた。一度決めたらやり通すのが私だ。ダンナさんもそんな私の頑固な性格を知っていたし、その半年前、一度は１ヶ月程度の語学留学を本気で考えていた私が、当時はいろいろ考えた結果実行を断念した事を知っている。それを踏まえてのダンナさんの余りある理解だった。ただ、色々な状況から、今回すぐにでも日本を出たいと思っていた私にとっては、残念な情報が入ってきた。ある斡旋会社からの電話で教えられたのだが、日本語教師アシスタントとして海外に行くためのビザを取るのに、半年はかかるだろうというものだった。そういう面で、特にカナダは厳しい国なのだと。今からだと実際の参加は９月になるという事だった。それは実行の前年１９９９年末、来春にでもと思っていた私にはあまりに遠すぎる話だった。半年もこのままだと、英会話スクールのチケットは間違いなくなくなってしまう。英語に触れる機会を失わないためにも、チケットの買い足しを余儀なくされる。そこまでは待てなかった。待てるなら、最初から今の時期、自分の状況をわかった上で、日本脱出を考えたりなどしていない。

　あらゆる面から考え直した結果、語学留学する事に決めた。

いきなりの海外生活が肌に合わないかもしれないし、もっと先を見越して、今回は下見のつもりでもいいのではないかと考える事にした。その経験を踏まえて、また日本語教師をする事だってできる。語学学校に通学するだけでも、この経験がプラスになることは間違いないだろう。期間の方もほんの少しだがダンナさんの意見を尊重して、当初の考えより短く３ヶ月という事にした。英会話スクールの講師に最低限どれくらいの期間が望ましいかと尋ねると、最低２ヶ月。１ヶ月では少な過ぎると言う。もともと半年は行きたいと考えていた私には、２ヶ月ではまだ物足りない気がしたし、３ヶ月の語学留学ならビザもなしで準備には１ヶ月もあれば十分だという事だった。こうして留学情報の載っている雑誌で探したのが、場所はカナダ東部オンタリオ州トロント、学費も安く日本人が少ないという学校だった。正直言って、カナダに関する知識もほとんどなかったのだが、私なりに選んだこの学校に留学する事を決め、申し込みをしたのが２０００年２月の初め、出発は３月下旬となった。私の計画が、いよいよ現実になるのだ。

4 : Before it

　しかし、まだ出発前の仕事は終わってなかった。実は一番の大仕事、両親への報告が残っていた。こうして進めてきた準備も、両親はまだ知らないままだった。出発３週間前には実家に里帰りもし、私はこれを「出発前に家族に会っておこう」という意味あいで行ったのだが、何も話さないままで郷里を後にした。ある意味、かなりの親不孝だ。しかし、両親がどういう態度に出るかはわかっていたので、とても正面きって報告する事などできなかった。親の気持ちを思うと本当に心苦しかったが、もう少し先に延ばそうと思った。

　出発２週間前、ようやく電話で母に報告した。「英語の勉強をしに、本場に行ってくる」と言った後の母の反応は、想像通りだった。私の報告を聞いた母の声は明らかに落胆しており、肩を落としている姿が想像できた。母は、電話では伝えきれないその怒りを押さえながらも、「何でそういう事をするの？」と、強い口調で私を問い詰めた。

「いつかそんな事を言い出すんじゃないかと思ったよ。そんなことをして…！　ＸＸくん（ダンナさん）に申し訳なくて顔向けできないよ…。それで二人が離れ離れで、（夫婦関係が）どうかなったらどうするの？」

「それはしょうがないよ。私の勝手でする事なんだから、それでどんな事になったとしても、私は彼を責める気はない。それに、日本を離れようと思ったのにはそれなりに理由があるの。

母さんは昔あんなにいろいろあってもいっぱい我慢して、頑張って乗り越えてきた人だし、夫婦が一緒にいることに特別思い入れが強いとは思うけど」
「それは、私には子供がいたし、他に選べる道はなかったから…」
「そう、だからこそ私は、確かな何かを身に付けて、自分で選んだ人生を歩きたいの」
「…。私はお父さんにこの事を言えない。今はあまりにショックで…」

　最後にはため息混じりに、力なくこう言い残して、この電話は終わった。結局母は、私がどこに行くのかも、滞在期間も、まだ聞いてはいなかった。

　母の気持ちは痛いほどわかっていた。でも、ここでやめるわけにはいかないのだ。私が自分で考えて自分で望む道だ。もう若くない私が、たくさん考えて悩んで、人並みに、いやきっとそれ以上に、心を痛めながら出した結論だった。決して安易に決めた道ではない。はっきり言って、自分のことより両親の気持ちを思って苦しんだことの方が多かったのだ。自分自身に自信を持ち、思いをしっかり相手に伝えるしかない。たとえ最終的に両親が許してくれなくても、私には前に進む以外に道はないのだ。母の気持ちを思うといつまでも胸は痛かった。出発まであと2週間での説得は無理だろうと覚悟していた。

　ところが私の予想に反して、その次の日、あっという間に結論は出た。母から電話がかかったのだ。その声に前日の悲壮感はなく、いつもの、いたって明るい母だった。

「昨日はあまりにショックで、何にも聞いてなかったね。それで結局どこに行くの？　期間は？　お父さんに話をしようにも、何にも知らないなって思って」

　私が彼女の質問に次々と答えた後、母はこう言った。
「いろいろ考えてみるとね、直美の人生だしなーって思って。でも、勇気あるねー！」

　母がこんなに早く理解を示してくれるなんて、まったくの予想外だった。彼女の言葉が心からうれしかったし、逆に母親の愛情を強く感じて、申し訳ない思いでいっぱいになった。私の考えに母もなんとか共感してくれたのであろう。母ができなかった事を、私にやらせてやりたいと思ってくれたのかもしれない。

　もちろん私を産んで育ててくれた母は、ずっと私を見てきたわけで、"あの私"がこれからしようとしている現実を、簡単には信じられないようなところもあったようだ。幼い頃とてもおとなしく一人では何もできず、人の後ろに隠れていてばかりだった私が、一人で飛行機に乗って海外に、しかも地球の裏側にあるカナダなんていう遠い国に行こうとしている。母にとっての私は、この年になっても、まだ幼く頼りないあの頃のままだろう。そして母は日ごろ車ばかり利用していて、電車やバスにも一人では乗れないなどと言っている人だ。もちろん英語などまったく話せず、旅行はもっぱらツアー参加。彼女の目には私の行動が、さぞかし大胆で向こう見ずなものに映っていたに違いない。

「勇気あるね」

この言葉を英語にすれば、「You are brave.」になる。実はこの言葉、何人かの英会話講師達にも、かけてもらったものだった。彼らはスクールでたくさんの日本人に会っている。私達の学校は既婚者の生徒が多かった事もあって、日本の結婚生活についても、彼らはそれなりに知識を持っていた。まだまだ閉鎖的な男中心の社会で、ほとんどの家庭で男性は家事をせず、女は家を守ればいいと思われている日本。特に長男は親の面倒を見る責任を負い、親もそれを強く望み期待する。外国人である彼らにとって、この日本の風潮は、相当偏ったものに見えるらしい。数多くの主婦達の生活を知っていた彼らには、私のする事が"勇気ある"決断であり行動だったようだ。多くの人が他人のする事を羨ましがってばかりで、自分でやりたいことがあっても現状を変えようとしないのが日本人である。人と違う事をするのを恐れ、現状の守りに入って、文句だけ並べ立てる。例えば勤めている会社がどんなに嫌いでも、どんなに嫌な仕事でも、辞めるわけにはいかないと現状の守りに入り、文句を言いながら与えられた仕事をただこなすだけ。「どうしてみんな嫌な仕事を続けるの？　そんなにイヤなら仕事を変えればいいじゃない」と彼らが首を傾げるのも、もっともな話ではないか。

　そういえば、私が３ヶ月の留学に行く事を伝えた、ごく少数の人達にとっても、私が今からやろうとしている、このファンタスティックな計画より、ダンナさんがどう言ったかとか、私が居ない間ダンナさんのごはんはどうするのかとか、そんな事の方が興味深かったようだった。何て日本的なんだろうと、その手の質問を受ける度にため息が出た。まあ、こうなる事は

わかっていたので、結局出発まで、スクールのスタッフにもほとんどの生徒さん達にも、この計画については話さなかった。本当に親しくしていた２〜３人の友人と講師達しか知らないまま、毎日のように通い続けていた私が、３ヶ月間、突然スクールから姿を消すことになった。

5：Go to Canada

　平気な顔をしていても、内心とても怖かった。何しろ、飛行機に一人で乗るのは初めてだったのだ。国内でさえも経験なし。それがいきなりカナダである。私の出発予定日は３月25日だったのだが、日本の学生が春休みに突入する時期と重なってしまった。恐らく、卒業旅行をする人もたくさんいたことだろう。留学を手配していた会社では予定のチケットが取れなかったため、出発は３月27日、学校にも一日遅れの入学という事で話がついていた。関空までも飛行機を利用することになっていたのだが、この出発日が平日となったため、当初予定していたダンナさんによる空港までの送迎も不可能になってしまった。家を出る時から、私は既に一人だった。後にカナダで知り合った友人に聞くと、みんな家族や友人など誰かが、関空まで来て見送ってくれたらしいのだが…。なんとなく落ち着かず、まだ国内にいる時からドキドキしていた。しかし、私の利用した飛行機はエアカナダと全日空の共同運行便で、もちろん日本人のフライトアテンダントもいたし、機内での会話などまったく問題なし。離陸が１時間ほど遅れはしたが、ラッキーにも私の隣は空席だったし、機内食もおいしかったし、大満足の飛行だったと言える。ただ、バンクーバーで乗り換えだったので、機内で食事など取っていると、ゆっくり眠る時間が取れなかったのはきつかった。やはり気持ちが高ぶっていたのだろう。読書にも身は入らず、眠ろうにも眠れず、時間だけが過ぎていっ

た。そしてバンクーバー国際空港では、乗り換え便の出発までの時間を持て余した。免税店での買い物にも興味はないし、一人だと眠るわけにもいかない。誰か連れがいればもっといろいろ楽しめただろうに、外国の大きな空港内でただウロウロするのでさえも少々怖い気がして、ほとんどの時間は座り込んで本を読んでいた。

　言うまでもなく、バンクーバーからトロントへの便はカナダの国内線になる。出発ロビーで読書していると、次々とやって来るのはほとんどが白人さん。ここは外国なんだなーとしみじみ感じた。耳に入ってくるのは英語ばかり。この環境を望んでここまで来たのだから、途中からは本は広げているだけで読みもせず、周囲の会話に耳を澄ませた。

　それにしても、カナダという国は何て広い国なんだろう。端から端まで行くのに飛行機で５時間もかかるなんて、小さな島国日本に育った者にとっては、改めて信じがたい事実だった。そして、空中から雲間に見える景色の美しい事！　どこまでも続く雪をかぶった山々。その谷間に次々と現れるたくさんの湖。夜が訪れる直前に見ることのできたパーフェクトな夕焼け。私はこれらの全てに、いちいち感動していた。

　こうして、しっかりと景色を楽しんだ後にやって来た夜の暗闇の中で、突然目の前に出現したのが、息を呑むほど素晴らしい、トロントの夜景だった。もちろんその時は既に高度も低くなっており、オレンジの光に浮かび上がった町全体が、手のひらにすくえるかと思うほど目前に迫っていた。相変わらず寝不足で疲れてはいたものの、日付変更線を超えてやって来たこの

5：Go to Canada

異国の地の上空で、これから始まる新しい生活への期待は高まっていった。ビザもなしで来たので、税関で聞かれた「渡航の目的は？」の質問には、斡旋会社で言われた通り「観光です」と答え、いよいよカナダに入国。空港では、学校から派遣された迎えの人が待っていてくれた。無事にお迎えの人に会えてホッとしたところで、ちょっとしたハプニングがあった。それは、直接私に降りかかったわけではなかったのだが、ありがちな出来事だったので、ここでお話しておこう。

　迎えの男性が私を本人と確認した所で、
「君は英語しゃべるよね。この子が困ってるようなんだが、話を聞いてやってくれないか。英語が分からないみたいなんだ」
と言う。私はそこで初めて、今にも泣き出しそうな日本人の女の子が、彼のすぐ側にいる事に気が付いた。そういえばこの子とは関空発の飛行機で一緒だったな、とすぐに思い出した。見かけた時、色白で目の大きなかわいい子だなと思ったので、覚えていた。その彼女に事情を聞くと、こういう事だった。彼女のお姉さんがトロントに住んでいて、この日彼女を迎えに来ることになっていたのだが、どこにもいないと。確かにこのターミナルだと言われたのに、と涙ぐんでいる。どうやらまったく英語を話せないようだったので、さぞかし不安だった事だろう。私が彼女の説明を運転手の彼に伝えると、彼はもう一つのターミナルに行ってみようと提案した。
「この空港はかなり広いから歩いては無理。僕が送ってあげるからと彼女に言ってくれる？　君はステイ先に行くのが少し遅くなるけど、構わないかな？」

私はうれしかった。私が助けてもらっているわけではなかったが、同じ日本人である彼女を、ごく当たり前のように、嫌味なく自然に助けてくれている事が、とにかくうれしかったのだ。この街を選んで良かったと、しみじみ思った。

ストリートカーの走るトロントのダウンタウン

　もう一つのターミナルまで来て、「その辺を少し見てきてごらん」と彼女を降ろした後、今度は私に「ここは駐車できないから少し先に車を止めてくる。彼女を追いかけてその事を伝えてきてよ。僕が彼女の荷物を持って逃げたと思われちゃいけないからね」と、爽やかに言った。私が彼女に追いつくと、なんと彼女は彼が言った通り、「あの人は？　荷物は!?」と慌てて聞いてきた。この彼女、私がカナダに着くなり、そこで初めて会った見ず知らずの男性の車に乗り込んだのだと思ったようで、移動中の車の中で「怖くないんですか？」と質問してきた

ほどである。不安は高まっていたのだろう。まるでシナリオがあったみたいだと密かに思いながらも、私も彼の言う通り事情を説明。ちょうどそこに、彼女のお姉さんとその彼氏が、どこからか駆け付けた。彼女は安堵と喜びで泣き出しながら、お姉さん達に詰め寄り、どれほど怖かったかを伝えていた。私も安心して、運転手の彼にこの事を伝えようと歩き出すと、彼の方が彼女のスーツケースを転がしながら、こちらに向かっていた。こうして荷物も無事引き渡し、お姉さん共々お礼の言葉を頂いたあと彼らとは別れ、いよいよ私達はトロントの中心部に向かったのだった。

「ステイ先に行く前に少し市内を走って、学校のある場所とか見せたいんだけどいいかな。時間も遅いし、疲れているだろうけど」

　彼は相変わらず紳士的だった。道中も、いろんな話を聞かせてくれ、楽しく時間を過ごせた。学校の事、トロントの事、フランス語圏について、英語を勉強するに当たっての心構え、そして彼の個人的な事まで。その間、車の窓越しに見えるトロントの町並みは、夜の闇に埋もれていたとはいえ、全てが新鮮に映った。そこは明らかに日本ではなかった。自分が今ここにいることが半ば信じられないまま、とにかくここまで、私のカナダに対する第一印象は、文句なしに最高に良い位置からスタートしていた。こうして私は、カナダのTorontoまで、本当に来てしまったのだ。

Just One Word *1 —— study before going

　ここで、今留学あるいはワーキングホリデー制度等を利用して、海外に行く事を考えている人にぜひ言いたい事がある。渡航前の英語学習についてだ。

　私がバンクーバー空港で会った彼女を例にして話そう。彼女のように、英語ができないがために動くに動けず、必要以上の恐怖体験をする事は、珍しい事ではないだろう。だからこそ声を大にして言いたい。出発前に、英語の勉強をしなさい。絶対にしておくべきです。英語ができないから海外に行くんだ、現地に行けば自然に身に付くんだ、などと開き直らないで下さい。そして同じ習うなら、ぜひ正しい英語を身に付けて欲しい。

　ほとんど英語をしゃべれないまま現地入りし、帰国時にはそこそこしゃべれるようになっていて、自分の英語に確かな自信を持っている人をたくさん知っている。しかしその実、LとRの違いもわからないままだったり、"th"の音を"s"の音で発音したり、あるいは、それが英語らしく聞こえると思うのか、なんでもカンでも"∂"(口腔内でこもったような音)で発音したりして、間違ったままの英語を流暢さだけでこなしている人がたくさんいるのだ。ネイティブでない私達の英語に、ほとんどのネイティブ達は、聞こう、理解してあげよう、という姿勢で耳を傾けてくれるだろう。しかし私は、いつまでもそれに甘えていてはいけないと思うのだ。日本に長く住み英語の教師をしていて、日本人の英語に慣れたネイティブでさえも、私達

側からすれば些細なことと思える、ちょっとした発音の違いで、もう相手が何を言っているのか見当も付かないでいる場面に、何度も出くわした。

　文法だってそうだ。私も、日本の英語教育制度には大いに疑問を感じている一人だが、やはり文法も大事なのだと痛感もしている。ほんの少し語順が違っただけで、まったく逆の意味になる事は少なくない。仮定法を知らなくて、ただ過去に起こった事実と判断し、大きな誤解を生じる事もあるだろう。誤解で済めばいいが、内容によっては、大問題になる事もあるに違いないのだ。

　現地では、間違った英語を正してもらえる機会は、ないと思った方がいい。語学学校に入ったところで、教師達も当然ネイティブなわけで、日本語で授業してくれるわけではないのだ。わからない事があって質問しようにも、その質問が英語でできないのでは始まらない。現地入り前の学習がいかに大切か、どうかもう一度考えてみて欲しい。

6 : Homestay

　ようやくステイ先に到着した時は、既に夜の11時近かった。Torontoのダウンタウンから近く、とても便利そうな場所だった。ホームステイ先が決まったあと学校から受け取った資料にあった通り、それは小さな家だった。外国の家というと、日本では考えられないほど大きな家を想像するが、ここは日本サイズだった。カナダでは相当小さな家だと思う。郊外ではなく、とても便利のよい中心部だからであろう。これはきっと世界中どこに行っても同じに違いない。繁華街に近いほど、大きな家を持つことは難しくなるのだ。それでも到着した時は、その小ささもまったく気にはならなかったのだが、後に友人のステイ

ホームステイ先の家

先に行って、初めて自分の家の小ささを知り、正直ちょっとガッカリしたのだった…。到着後に通された私の部屋は、おそらく日本で言う4畳半ほどに当たる、本当に小さな部屋だった。ここにベッドとチェスト、小さな机まであった。歩ける場所は、ほとんどない。これはこれで小ぢんまりしていて私は好きだったが、せっかく外国にいるのだから、大きな家での生活も、体験してみたかったとも思う…。

　Toronto入りし、長旅の後ようやくステイ先に到着。ここまでは至って順調に来たのだが、家に入るなり愕然とした事があった。玄関に出迎えてくれたホストマザーの足元に、ネコがいたのだ。それがどうしたと思われるかもしれない。しかし、私は動物が苦手で、ハッキリ言って、中でもネコは嫌いだった。だから、学校に提出する書類の"ステイ先への希望欄"では、「子供は居ても良い」「ペットはダメ」にチェックをしたのだ。それなのに、いきなりのお出迎えが、このネコ君だった！

　そして次に私をもっと驚かせたのが、この家には私以外にも同じ学校の生徒が二人もいて、しかも彼らが男の子だったことだった。出発前の斡旋会社の話では、同じ家に他にも生徒がいる事はあるかもしれないが、男女が一緒という事は避けられているだろう、と言われていたのだ。一人は日本人っぽく見える韓国人、もう一人はとても怖そうに見えるブラジル人だった。こういう事実があるなら、事前にそれを伝えておいて欲しかった。同じ部屋に住むのではないにしろ、部屋には鍵も付いていないのだ。まだ彼らの事をまったく知らないこの時点で、この事実は私を色々な面で不安にさせた。しかしこれは、実は学校

の方に問題があったと思われる。私が行ったこの学校で、ホームステイを手配していたアイリッシュの初老の女性が、相当いい加減だったのだ。確かに、彼女の仕事量は相当なもので、あれだけの事をほとんど一人で切り盛りしていたのである。いちいち覚えていられないのかもしれない。それにしても、事前に送られていた資料と事実が、あまりにも違いすぎた。"ホストマザーは教師で、24才の娘が一人"とあったのに、お母さんは20年も前に教師を辞めているし、娘さんは私と同い年の31才で、しかも同居はしていない。子供は他にも、既に結婚している人が二人もいるという事だった。一体いつの話よ！って感じで、私はいきなり混乱状態になっていた。もしかしたら、こういう事にキッチリしているのは、日本人だけなのかも知れない。そうでない人種の彼らを、"大らか"という言葉で、寛容に受け入れることが、海外生活のコツなのか…？

　既に時間も遅いし長旅で疲れているだろうからと、普段なら許さない夜中のシャワーも、この時は使わせてくれるという事だったが、初対面なのでまずは少しだけ話をした。この家に住むに当たってのルールみたいなものはあるかと尋ねたり、学校への通学方法などを質問した。日本からリュックで背負ってきたお土産は、日本では普段使いの、湯のみと急須のセットだったのだが、これをお母さんがものすごい勢いで喜んでくれて、本当にうれしかった。彼らが、以前にも日本人の生徒を受け入れた事があるかどうかもわからないし、誰でも思い付くお土産でないものをと、さんざん考えて決めたものだった。決して高価なものではないが、美しい花柄で和風過ぎず、こちらの家に

も溶け込めそうな物を選んだ。割れ物なので自分で運ばなければならず、重いのが難点だったが、あれだけ喜んでもらえるのなら、そんな重さなんて何でもなかったと思えた。

　初日には会えなかったお父さんにも、翌日の朝には会うことができた。ホストペアレンツの Ron と Eileen は共にアイルランド人。カナダに移住して来て、既に20年以上経っているという事だったが、Ron の英語はかなり強いアイリッシュのアクセントが残っていて、聞き取りには自信のあった私でも、慣れるまでには時間が必要だった。二人は私の両親と同じ年代だが、少々老けて見えた。もちろん二人を見ていると、まるで映画を見ているような錯覚を覚えるほど、彼らはとても素敵だったのだが…。私の両親が実際の年齢よりかなり若く見えるせいかもしれないが、ホストペアレンツに両親の写真を見せた時、彼らは相当ショックを受けていた。「自分が恥ずかしい」とも言っていた。一般的に日本人は、実際の年齢より若く見えるようだ。日本で出会った英会話スクールの講師達にも言われた事があった。「何で日本人はそんなに若く見えるんだ？　こんなの不公平だ！」と。

　話を元に戻そう。私達自身ではステイ先を選べない中で、私は相当ラッキーだった。Ron も Eileen も、最高に素敵な人達だった。他の生徒に話を聞いてみると、いかに私がツイていたかがよくわかった。英語を勉強に来たのに、ステイ先の家庭ではイタリア語ばかりしゃべっているとか、離婚したお父さんと小さな子供だけの家庭では、食事はいつも冷凍のピザなどだったとか、家の人は留守がちで、ほとんど一人で過ごしていると

か、理由はいろいろだが、ステイ先を変えるという話は本当によく聞かれた。私の家では、Eileen は料理上手だし、あらゆる面でとてもよくしてもらった。Ron も口数は少ないが、冗談を言って楽しませてくれたし、いつも笑いの絶えない家庭だった。

当初心配したネコのことも、気にしない事にした。真っ白できれいなネコだったし、別に私に危害を加えるわけではない。私はネコのにおいが嫌いなのだが、このネコはにおいもなかった。家中に撒き散らされた毛だけは、どうしても好きになれなかったが、あまりうれしくないにしても、度々私の足元に擦り寄ってきては、撫でてくれと訴えて見上げる目が、だんだんと可愛く、いとおしく思えてきた。理解するかどうかは別にして、時々日本語たまには英語で、話しかけるようにもなった。最後まで手を伸ばして撫でてやる事はできなかったが、心から可愛いヤツだと思えていたので、最後には別れるのが寂しくなったほどだった。

ホームステイ先の猫ビルくん

最初は不安だった男の子達との同居も、結果的にはとてもよ

い事だったと言える。Eileen は、私のステイした時期と重なって、臨時で仕事を持っていたので、いつも忙しそうで、ゆっくり座っておしゃべりを楽しむ時間もあまり取れなかった。しかし大抵は誰かが家にいて、特にフラットメイトの男の子達がいてくれたおかげで、英語を使っての会話の機会をたくさん持つことができた。後に我が家に遊びに来た私の友人も、この家庭の様子を見てしきりに羨ましがっていた。ホストペアレンツは素敵だし、いっぱい人がいて笑いが絶えなくて、いつも楽しそうだと。

　だが、どんなに素敵な家庭でも、所詮は他人の家だ。ツライと思う出来事もあった。自由にさせてもらってはいたが、常にどこかで気を使っていたのも事実だ。私が気を使いすぎだったのかもしれないが、それが私だ。西洋人の彼らと私たち日本人は、違う考え方、感じ方をする。例えば、こんなことがあった。

　私の友人が日本から遊びに来て、ステイ先にご好意で滞在させて頂いた後、日本に帰国する朝の事。出発が早朝だった事もあって、Ron はまだ起きていなかった。友人は Eileen にお礼を告げ、Ron の顔を見ずにその家を去ることとなった。私は彼女を空港まで見送り、その後遅れて学校に行った。そしてその夜、帰宅後私が一人で夕食を取っていると、Ron が怖い顔をして現れ、ぶっきらぼうにこう言った。

「彼女は帰ったんだろう？」
「帰りました。いろいろありがとう」
「何で私を起こさなかったんだ？」
「朝早かったし、起こすのも悪いかなと思って…」

「私もサヨナラを言いたかったのに」
ここで、私は気を使ってこう言った。
「彼女も言いたかったと思います」
　実際には彼女がそう言ったわけではない。彼女もそう思っていただろうと思ったからこう言ったのだ。しかし思うに、Ronの方には"気を使う"と言う観念はないだろう。私の言葉をそのまま受け取って、さらに声を荒げた。
「それなら起こせばよかったじゃないか。いや起こすべきだった！」
　私は一瞬絶句した。
「…。でも…。寝ているのを起こすなんて、できなかった。私はあなたの娘じゃない！」
「Eileenが起きてただろう。彼女に頼めたはずだ」
　もう何も言えなかった。何を言っても無駄だと思った。彼らには、建前とか社交辞令のような事を言う習慣はないに違いない。気持ちが伝わらない事がとても残念で、涙があふれた。私のつたない英語では、日本人の思考回路を説明する気にもなれず、とりあえず謝ることにした。
「…ごめんなさい。起こすべきだったかもしれない…」
　そう言うと、彼はまたこの言葉をそのまま受け取り、
「そうだ。そうすればよかったんだ」
と、この事全ては私の落ち度だったと言わんばかりの勢いだった。
　私はとても悲しかった。涙が止まらなかった。もし彼女が、どうしてもあいさつしたいから起こしてくれないかと言ってい

6：Homestay

れば、もちろんそうしただろう。しかしそうではなかったのだ。彼女も私も、わざわざ起こすのは申し訳ないと、Ron に気を使ったつもりだ。しかも、彼女の滞在は正味たったの 2 日間。Ron も Eileen もフラットメイト達も、みんな彼女をとても気に入ってくれたのはわかっていたが、そこまで彼女に対して思い入れがあるとは、思ってもみなかった。私には、あれが私のミスだったとはどうしても思えなかった。なぜ私が今こうして彼に怒られているのか納得がいかなかったし、正直、腹も立った。あの時 Ron は少し酔っていたように思う。あの必要以上の怒りの表現は、お酒のせいもあったと思いたい。

―― ステイ先での
　　私の部屋。――

←トロントアイランドの絵。

電球がこわれて
つかないランプ。

メイクボックス。

←下段右側しか
開かない
小さな窓。

←一番偏いけど。

←せんぷうき。

ヒーター。

横になると
←少し左側にかたむく
ベッド。

小さな机に立てかけられた
でかい絵。→

なんの背もたれもない
イス。→

Y6.

とっても狭くて、訪ねてきた友人がみんなおどろいていた。
でも、ヤケにコンパクトにまとまっていて、それなりに快適だった。

7 : Language school

　日本を出発して以来まともに眠れないまま、初登校の前夜遅くに現地入りした私にとって、5時間の睡眠時間は充分ではなかった。飛行機のチケットさえ取れていれば、到着後2日間の休みの後で学校が始まるようにうまく組まれているはずのスケジュールが、私は例外だったせいで、こんなハードなスタートとなってしまった。頭はまだボンヤリしていたが、それでも登校しなければならない。同居の3人の生徒で一つのシャワールームを使用していたので、一番に起きなければならなかった。男の子達と違って私は、簡単にだが、メイクをしなければならない。ちょっとタイミングを逃すと、顔も洗えずメイクもできず、先に使用中の誰かを、ただボンヤリと待たなければならないのだ。日本にいた時より、ずいぶん早起きで、健康的な生活を強いられることとなった。

　一日遅れで入学の私は、一緒に登校してくれたフラットメイトと別れ、まずは筆記のテストを受ける事になった。日本で既に英語を勉強して1年以上経っていたので、このテスト、私にはさほど難しくなかった。ほとんど問題なく終了後、学校のスタッフとほんの少しだけ会話し、「君のテスト結果はとてもいいから、Intermediate 4のクラスに入ってもらおう」と言われた。この学校、レベル分けは結構細かくて、全部で12クラス。このうち私が入ったのが、上から5番目のクラスだった。1ヶ月に一度レベルアップテストを受け、合格すれば上の

クラスに上がれるので、3ヶ月滞在予定の私は、順調に行けば、Advanced 1のクラスで終了することになる。これが上から3番目のクラス。一般的に"文法あるいは筆記テストに強い日本人"の例に漏れず、テストの結果がよかったせいで、最初は自分が思ったより上位のクラスに配属されたと感じたのだが、結果的にはちょうどいい所に位置したと言えるだろう。

既にその朝から授業を始めている新クラスに、午前中の後半から参加する事になった。言われた通りに、ドアにあるルームナンバーを確認しながら見つけたクラスの入り口で、ドアに寄りかかって立っていた一人の大男と目が合った。その時私は、この人物が教師だとは思わなかったのだが、これが今期このクラスの担任になったNeilだった。

語学学校はあくまでも私立で、日本のように教師がみんなスーツを着ているというわけではない。私はカナダで、普通の学校、小・中・高校、大学のような場所で授業を受ける機会を持ったことがないので、そういう場での教師がどんな感じなのかわからないが、私の通った語学学校では、みんな揃いも揃って教師には見えなかった。その多くが20代で若かったし、おしゃれな人はおしゃれで、日本で考えられるような"仕事をする格好"ではなく、たくさんのピアスをしていたり、いわゆるイマドキのラフな格好をして坊主で無精ヒゲ、なんていう人もいた。そして、適当な人はまったく適当で、いつ見てもヨレヨレのTシャツに穴のあいたジーンズといういでたちの、失礼ながら、少々汚い感じの人もいた。校長自らが、いつも着古した学校のロゴ入りTシャツに洗いざらしのジーンズで無精ヒゲ。目

7：Language school

が合えば必ず、ごく自然にウインクしてくる…。お世辞にも校長には見えなかったので、彼が校長だということを知らない生徒も多かった。

さて、なぜ私がNeilを見て教師と思わなかったのかを少し話そう。彼の服装も他に漏れず、カジュアルなシャツにジーパンだったから、それも理由の一つではある。それより、恐らくその原因は、私の勝手な思い込みから来ていると思われる。

私は、漠然とではあるが、"カナダ人はこんな感じ"という勝手なイメージを持っていた。日本の英会話スクールで出会ったカナダ人は、みんなブロンドかライトブラウンの髪で抜けるような白い肌。目は美しいブルーだった。私の中では、これこそがカナダ人だったのだ。想像の中で、そんな容姿が寒い国に似合う、などと思っていた。それが、カナダで私に英語を教えてくれることになったこの人は、浅黒い肌に真っ黒な髪と目を持っていて、その顔立ちは、どう見てもインディアン風に見えた。なんだか不思議な気分だった。

私はこの時点ではまだ、トロントにどれほどたくさんの人種が暮らしているのかをわかっていなかった。後に知ることになるが、この学校の中だけでも、ずいぶんたくさんの人種が揃っていた。生徒は英語を学びにここに来ているのだから、もちろんカナダ人ではない。そして、教師を始め学校のスタッフも例外ではなく、アイルランド、イギリス、フランス、南米、韓国、日本など出身地はいろいろで、見た目にもいろいろだったのだ。私の担任Neilはインド人だった。しかし、彼は言った。「両親はインド人だが、自分は子供時代をイギリスで過ごし、カナダ

に来てもう長い。"インディアン・カナディアン"とは呼ばれたくない。自分はカナダ人だ」と。私だけでなく他の生徒たちも、彼が「ナニジン」なのかにとても興味を持っていたが、彼からこの話を聞いた時、無意識にしても、どうでもいいことにこだわっていた自分を恥じた。

　それにしても、生徒たちはシビアだった。みんなそれぞれ担任の教師や授業内容に対して、厳しい意見を持っていた。配属されたクラスが気に入らなければ、何度でもクラスを変更していた。人気のない授業というのは明らかで、教師も大変な職業だなあと、同情した。当然、こっちも大金をはたいて入学しているのだ。納得のいく教師を選ぶ権利はあるのだろうが…。

　３期の間に、午前のクラスを３つ、午後のクラスを３つ経験した。実はその授業の内容は、私が渡航前に期待していたものとは違っていた。学校のパンフレットによると、スピーキング、リーディング、ライティング、グラマーが、どれもバランスよく教えられるということだった。私はもっと発言の機会があると期待していたのだが、実際には黙って授業を受けている時間が長く、まるで高校生に戻ったみたいだと感じた。"流暢に英語を話せるようになる"というのが私の大きな目的だったから、最初はかなり物足りない思いがした。カナダまで来て受ける授業で、こんなにも文法について教えられるとは想像していなかった。しかし、最終的には、これが私にはプラスに働いた。

　日本で通った英会話スクールは、あくまでも"英会話"が中心である。わからないことがあれば何でも質問できたし、どん

な事でも答えてくれたが、文法について理論的に学ぶ機会はほとんどなかった。私がいつまでも自分の英語に自信を持てなかったのは、ここに大きな原因があったのだと自覚した。これはあくまでも私の場合で、個人によって事情は変わってくるだろうが、私は、しゃべろうとする文章の構造が"なぜこうなるか"を納得できなければ、自信を持ってそれを口にする事ができない。英語でしゃべっている最中でも、相手に確認しながらの発言になっていた。それが言葉の流れを途切れ途切れにさせ、流暢さにつながらなかった大きな理由だったのだ。

　カナダで受ける授業はもちろん英語のみで進められたが、まったく問題なくついていけた。相変わらず私のボキャブラリーは貧弱だったので、その点では辞書が大いに大活躍だったが。特に、文法用語には参った。日本でどんなに英会話を習っても、日常会話の中で文法用語を使う機会は少ない。わからなくて辞書を引くと、文法用語だった、という事が多かった。しかし、こうして英語について理論的に授業を受けたおかげで、私が抱えていた数多くの疑問は解決される事となった。それと、ライティングの機会が多かったのも幸いした。習った慣用句を使って文章を作るという作業を、嫌と言うほどさせられた。私はもともと文章を書くのが好きなので、これもつらい作業ではなく、「君は、よく考えられたいい文章を書くね」と、しばしばお褒めの言葉を頂くこともあった。こうした教師達の言葉が、次への力を発揮させてくれた。

　そしてもう一つ。毎日の宿題が、とても役に立ったと思われる。まさかここで、こんなにも宿題攻めにされるとは思っても

いなかったのではあるが、テキストの予習という形で出されるこれが、かなりハードなものだった。授業で先生がしゃべる事はしっかり理解できていたが、テキストは結構難しかった。特にリーディングのパートは、相当キツかった。知らない単語があまりに多すぎて、その意味をいちいち辞書で調べるだけでも時間が過ぎていく。しかも私はリーディングが苦手だ。たとえそれが日本語でも、とにかく読むのが遅い。朝早起きしなければならないだけに、早めにベッドに入りたかったのだが、睡眠時間は平均６時間。ひどい時は４時間の睡眠で過ごす事もあった。もっとも、それは宿題のせいだけではなかったが、遊びに出かけた夜も、宿題だけは必ずやろうと決めていた。こうしてこなした宿題が、日々勉強を続けなければならないという状況を私に与えてくれ、とても役に立ったのだ。

　学校により、そのシステムや授業の進め方にもかなりの違いを生じるだろうが、私が思うに、わざわざ留学してきたのだからと、始めから飛ばしすぎるのもよくない気がする。私はパートタイムの生徒で、授業は週２５時間しか取っていなかったので、火曜日と木曜日の午後は授業がなかった。これがまた私にはちょうどよかった。３ヶ月の滞在で毎日学校に追われていては、Torontoの街を見て歩く機会も、充分には得られなかっただろう。学校のあと、カフェでゆっくりと過ごす午後は最高だった。いつも何かに駆り立てられ、心の余裕を失うようでは、全てが悪い方向に向いてしまうものではないだろうか。そしてこの３ヶ月という期間も、今にして思えば、語学学校に通う期間としてはちょうどよかったのかもしれない。半年とか８

ヶ月という長い期間一つの学校に通い続ける友人の多くは、その生活に飽きてくると話す。入学前の英語のレベルにもよるだろうが、3ヶ月程度では物足りなさを感じるようであれば、他の学校に変わってみるというのも、緊張感を保つ上で役立つのかもしれない。語学学校はいくらでもあるのだ。もし現地に行って時間的に余裕があるなら、自分に合う学校を検討し直すのもよいだろう。

　予想とは少々違っていた語学学校だったが、これも結果オーライとなった。もっともっと積極的になるべきだったと、自分自身の反省点は多々ある。積極的に話すようにしていれば、もっと大きな力が付いた筈であるのだから。しかし、今振り返っても、選んだ道に間違いはなかったと、清々しい気分に満たされる語学留学となった。

Just One Word *2 —— the ways to study

　私個人として、"書く"という作業は、語学の勉強に大きな効果を発揮すると思う。それは例えば、単語を覚えるために、ただ何度もその単語を書くというものではなく、その単語を使って文章を作るというものだ。これこそが、最も効果的なライティングとなるだろう。自分で作った文章は、頭に残るものなのだ。書いた文章を、何度も声に出して読めば完璧だ。もちろんその際、できるだけ英語らしく聞こえる発音で口に出すよう心掛ける事。ＣＤ付きの英語教材や、字幕に頼らず聞くことに集中する映画鑑賞は、聞き取りの練習に役立つほか、正しい発音を学ぶ上で大変役に立つ。思い込みの発音だけに頼らないこと。特に、"th"や"ＲとＬ"、"ＦとＨ"、"seeとshe"など、日本人の苦手な音に気を配ること。あきらめずに練習を続ければ、自然に口から出てくるようになるだろう。実際にネイティブの声を聞ける教材、機会を、大いに活用しよう。

　そして反省を込めて言いたいのが、「どんどん発言しよう」ということだ。私を始め、ほとんどの日本人は、英語で発言する事を恐れている。英語ができない事を必要以上にコンプレックスにしてしまい、どこかでそれを恥だと感じているのが原因ではないだろうか。"英語"に対してもそうだが、"自分の意見"を持てないこともよくない。語学学校で一緒になった南米出身の生徒たちは、ものすごい勢いで発言していた。それは授業中だけでなく、ステイ先でも街中でも、どんな場面でも同じだっ

た。これがかえって、私達日本人を気後れさせていたという面も、正直言ってある。言葉は悪いにしても、あの図々しさは、語学を学ぶ者にとって尊敬するに値するだろう。実は私、日本の英会話スクールで言われたのとまったく同じことを、カナダの語学学校でも言われてしまった。

「君は、しゃべる時にはうまくしゃべれているのだから、もっと発言しなさい」

この言葉を聞いた時は、私はここまで来て何をやっているんだろうかと、情けなかった。進歩がないのを立証されたわけだから…。そんな私が、こうして人に意見する資格もないのだが、それを後悔している者として、同じことを繰り返して欲しくないと、強く思うのだ。間違いを恐れないこと。

始めからうまく話せるなら、わざわざ英語を習う必要はないのである。最初は勢いで話せばいい。聞くこと、書くこと、話すことに時間を費やせば、そのうち自分のミスに気付いてくるようになるだろう。間違いに気付いたら、できるだけその場で直す、という作業も大切だ。私達は割と、同じ間違いをしでかしていることが多いものなのだ。間違いを放置しない事が、自分の弱点に気付かせてくれる手助けとなるだろう。一人で勉強する時などは、できるだけ正しい英語を意識して文章にするようにし、英語らしく聞こえる発音を意識して、声に出してそれを読む。そして、人前では物おじせず発言する。これを繰り返せば、いつか必ず、自分の英語の上達を実感できる日が来るだろう。

8 : The view of Toronto

　安全でクリーン。古くて新しい。都会でありながらオアシスである。息苦しくない。こうして今 Toronto を思い起こしても、気持ちが楽になるのを感じられる。

　そこは確かに日本ではなかった。街行く人は本当にいろいろで、私が想像していたカナダの姿とは少し違っていた。そして、だからこそ、それが私には心地よかった。

「ここでは、日本でしていたように無理しなくていい。ゆったり構えてていいんだ」

　そう思えた時、私はここに来なければならなかったのだと確信した。

　Toronto は緑がいっぱいで、本当に美しい街だ。かといって、それは"カナダ"と聞いて誰もが想像するような、雄大な山々と湖がどこまでも広がる、という風景ではない。ここはカナダ一番の大都市で、オンタリオ湖に程近いビジネス街には高層ビルが林立し、きっと多くの人々がその中で働いているのであろう。しかしその一方で、振り返るとそこには、街が緑に埋もれている。これだけの大都会でありながら、まったく息苦しさを感じないのは、この緑のせいだったのだろうか。国民性もあるだろう。ここに住む人達はみんな、ゆとりがあるように見えた。それは経済的な問題ではなく、心の持ち方、あるいは、時間の楽しみ方に起因していると思われる。一体何がそうさせるのだろうか。どこが日本と違うのだろう。その国土の広さの

せいか。気候のせいか…。世界中から人々が集まってくるには、何か理由があるはずだ。Torontoには、本当にありとあらゆる人種が揃っていた。実際のところ、街を歩いていると、英語以外の言葉を耳にすることが多かった。

　カナダはよくアメリカと比較される。New Yorkは、Melting pot "人種のるつぼ" と称され、一方Torontoは、Multicultural City、あるいは "人種のモザイク" と呼ばれる。たくさんの民族が集まるのはアメリカも同じだが、アメリカは、よそから来た人々が "アメリカ人" になってしまう国だ。以前の自分を忘れ去るように、アメリカに染まっていく。ところがカナダでは、いつまでもそれまでの自分と変わりなくいられる。カナダは、どこから来た人でも、あるがまま受け入れてくれるのだ。だからこそ、それは私にとっても心地よく、Torontoにいる時、私は一度も、自分がよそ者だという事を思い知らされるようなことはなかった。これが日本だと、外国人とみるとジロジロと目をやる人がまだまだ多いようで、そういう視線がたまらなく嫌だ、という声を何度も聞いた。

　実は、カナダの英語が聞き取り易いのは、ここに原因があるらしい。英語が母国語でない人達の英語はそれぞれにくせがあって、慣れるまでは理解するのが大変だったりする。これだけ多種のなまりを聞き入れ、自分達の英語を聞いてもらううち、自然とカナダの英語は、誰の耳にも聞き取り易く、世界で通用するものになっていったらしいのだ。私はこの話を聞いて、大いに納得した。この話からも、カナダの懐の深さを感じられるのは、私だけではないだろう。

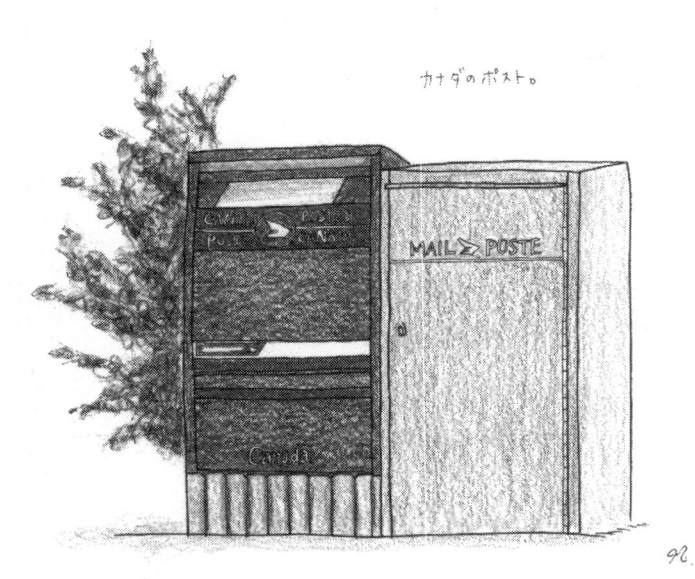

カナダのポスト。

大きな郵便物はここを
手前に倒して入れられる。

TTCのバス。

8：The view of Toronto

　こんなに素晴らしい町にいながら、残念なことに私は始めの1ヶ月近く、知らない国の知らない街での生活に馴じめずにいた。学校で友達もできたし、ステイ先のファミリーも良くしてくれていた。別にホームシックではなかった。日本に帰りたいとも、一度も思わなかった。ただ、新しい生活に戸惑っていた。渡航前、自分がこんな状態になるとは、爪の先ほども想像していなかった。今の私はもう以前の私ではない。どこに行っても、すぐにその生活に順応するだろうと自信を持っていた。英会話スクールの講師達も、「全然心配無い。君は大丈夫だ」と、太鼓判を押してくれていたほどだ。それなのに、現実はこれだ。いつまでも自分の居場所を見つけられず、通りを歩きながら涙を止められない日もあった。大人になってからの私しか知らない人は誰も信じてくれないが、子供の頃は極端にシャイで臆病だった私。そんな私の一面がここTorontoで顔を出してしまっていた。私の英語で生活に困ることはないはずなのに、いざしゃべらなければならない場面ではすっかり舞い上がってしまって、英語が耳に入らない、口から言葉も出てこない、という事もあった。コインランドリーで使い方の説明を受ける時、どこかから移民してきたらしいその女性の英語は、とても速い上に聞き取りにくく、耳ではなく頭の上を通り過ぎていった。難しいことを言っているわけではないのだろうに、聞き取れなかったりする。実際の生活の中で英語を使うことに戸惑いを感じ、動揺を隠せなかった。私は全然強くなんかない。こんなに弱虫で、残りの生活をやっていけるのだろうか。落ち込む日々が続いた。

学校でできた友達がみんな日本人だったことも、当時の私を悲観させていた。カナダでは絶対に、日本人とくっつくことを避けようと誓っていた。しかし実際には、日本人ばかり。こんな事でどうするのかと、自分に怒りを感じていた。ところが、同じ学校の生徒である外国人の子と付き合いたいと思っても、それも結構難しいのが現状だった。どの子を見ても、結局は同じ国の子達でかたまっていて、ランチの時などは、みんなそれぞれの母国語でしゃべっていた。放課後もそのまま散り散りになる。情けないが私も同じ事をしていたわけだ。悩みは尽きなかったのだが、最終的に、落ち込む私の気分を晴らせてくれたのは、いつも一緒にいてくれた日本人の友人やホストファミリーだった。ここで学ぶ事は英語だけではないと、気付かせてくれたのだ。ホストマザーは言った。
「日本とカナダでは多くの事がまったく違うのでしょう？大きなカルチャーショックを受けているに違いないわ。でも、そんなに気負わないで、楽に構えていなさい。きっと時間が解決するから」
　まったく彼女の言う通りで、私は徐々に、Torontoでの生活を楽しめるようになっていった。友人たちとは本当に色々な話をし、たくさんの時間を共に過ごした。彼女達なしに、私のToronto生活は語れない。私達のほぼ毎日の日課のようになったのが、学校帰りにカフェに行き、宿題をいっしょにするというものだった。日本のように、ショーケースの中にきれいなケーキが並んでいるような店ばかりではなかったが、とにかくそこら中にカフェがあったので、いつも学校から少し歩いたり、

8：The view of Toronto

地下鉄に乗って移動しては、違う場所を選んで楽しんでいた。同じ国からやって来た私達だが、日本にいては、決して出会うことはなかったのだ。同じ時に同じ場所に来て、こうして出会えたのも何かの縁。外国で、母国の話をするのも悪くなかった。同じ日本人だからこそ、カナダについて感じること、日本との違い、新しい発見、色々なものに触れての感動など、共感できたに違いないのだ。カナダでできた日本人の友人達の存在には、本当に感謝している。

　Torontoの話に戻ろう。私達だけでなくここでは誰もが、夕方以降の時間を満喫していた。Torontoは安全な街だ。それでも私は、夜に外を出歩くことは極力避けていた。自分の身は自分で守るしかないし、安全を過信してはいけない。それなのに、気が付くと時刻は9時を回っているという事が多々あった。そのわけは、日の長さにあった。私がカナダに来てまもなく、"Daylight saving time"（サマータイム）の時期となった。これで時計の針を1時間進めたせいももちろんあるが、夜9時頃になって、ようやく夕焼けを見ることができるほど日の長い日もあったのだ。おかげで、暗闇を避けて早々に町をあとにする必要はなかったわけだ。

　季節もよかった。私がそこに滞在したのは3月の終わりから6月の中旬までで、厳密には3ヶ月弱だったのだが、あまり季節について考えていなかった割に、ちょうどよい時期を選んでいた。ただ、現地の人々が口を揃えて言うように、この年Torontoの天気はクレイジーだった。私がカナダ入りした頃、例年ならまだ道路に雪が残っているべき時期だったらしいのだ

が、雪などかけらもなく、かなり涼しくはあるが過ごし易い気候だった。今日は少し涼しいかなと温度計を見ると、5度を下回っていたりして、逆に驚くようなこともあった。そこまで気温が低いとは思っていなかったからだ。何故だかわからないが、温度計の示す数値ほどは寒さを感じなかった。

　4月になり、道端の花壇でチューリップが咲き始め、Torontoの春を見つけられるようになった頃、いきなり寒い日が訪れた。それはもう4月の半ばだったのだが、雪が降ったのだ。いつも見かけるチューリップが雪をかぶった姿は、何だか滑稽だった。しかし、私を取り囲むその風景は、それはそれは美しかった。フラットメイトのブラジル人はこの時、生まれて初めて雪を見たらしく、友人達と街中で、人目もばばからず雪合戦をしたらしい。浮かれていたのは私も同じだった。私はただその景色を楽しみたくて、まっすぐ家に帰るのがもったいない気がして、その日はほんの少しだけ遠回りした。一人で近所を歩いただけだが、心が満たされた時間だった。寒かったのは確かだ。雪が降るくらいなのだから。しかし、今私はカナダにいるんだと実感できて、何だか無性にうれしかった。寒さに慣れていない南米出身の生徒達にとって、Torontoの気候は厳しかったようだが、私は暑いより寒い方が好きだし、せっかくカナダにいるのだから、この寒さを体感しておきたいと、心から思っていた。私はあの雪の日を、一生忘れる事はできないだろう。あっという間に街は雪に覆われ、木々がクリスマスツリーに変わっていく姿を。

　そしてまだ、クレイジーな気候は終わっていなかった。5月

の初め、急に気温が上昇した。この時期のTorontoでは考えられない暑さで、気温は30度に達したのだ。同じ時期の日本より暑い。あまりに急激な温度変化に、みんな相当参っていた。この異常な高温は1週間近く続き、次の週にはまた平均最高気温が12〜13度という状態に戻ったのだった。驚くことに、1時間で10度以上気温が下がった日もあった。外を歩いている間ものすごく暑く、上着を着ていられなくてノースリーブで過ごしていたその日、店でランチを取っている間に温度は下がり、再び外に出た時は寒さに震えたのだ。天気予報はまったく当てにならないし、天候の変化が激しく、ついて行けなかった。服装にも困った。街にはいろんな格好の人がいた。半袖の人もいれば、コートを着込んだ人もいる。ここでは、衣替えなんてできないだろうと思った。

　でも、クレイジーな気候が何だと言うのだろう。どこを見渡しても、私にとってTorontoは、最高の場所だった。私はよい季節にここに滞在したので、カナダの本当に厳しい寒さを知らない。こんな私がカナダを語るのは、まだ早いかもしれない。厳冬を知らないまま、Torontoが好きだと本当に言い切れるのか、疑われても仕方がない。しかし、新しいより古い町並みが好きな私にとっても、ここで幻滅させられることはなかった。Torontoという街は、見ていて飽きない。特別な所に出かけなくても、街行く人を眺めているだけで十分楽しめた。大好きな古い建物、大都会の町並み、緑がいっぱいの公園、自分がどこにいるのかわからなくなるほど、様々な顔をした人々、種々の言語。見上げれば、なぜか空は日本より高く、流れる時間に

はゆとりを感じられる。人のことに干渉しすぎず、といって冷たいわけではなく、暖かい。一人一人が手足を伸ばして、楽に生きている。そこでは私もその中の一人であり、何よりもその事実が、私を幸せな気分にしてくれた。やはり私は、ここに来なければならなかったのだと、信じて止まない。

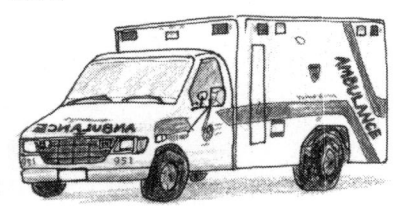

救急車。

パトカー。

スクールバス。

9 : Sightseeing

　Torontoにも、観光地と呼ばれるようなスポットはある。しかし、私が滞在している時期はまだ観光シーズンには早かったようで、街を歩いていて、いかにも観光客といういでたちの団体に会うことはなかった。それと、Torontoが日本から遠すぎるせいもあるかもしれない。どうやら観光客に限らず、カナダに来る多くの留学生も、バンクーバーを選ぶ人が多いらしい。バンクーバーには、多くのアジア人が暮らしていると聞くが、その事が彼らには安心感を与えるのだろうか。確かにTorontoの観光スポットは、長期滞在して時間をかけて周るほどは充実してないだろう。観光目的でここに来るなら、一生に一回来れば満足できるのかもしれない。南国のようにビーチで昼寝を楽しむ所ではないし、ヨーロッパのように、そこら中に歴史的建造物が転がっているわけでもない。ここは、暮らす所だと思う。住んでみてこそ、その良さがわかるのではないだろうか。

　例えば、広範囲にわたる地下街。これは、厳しく長い冬を快適に過ごすための都市計画によって生まれた。できるだけ雪の深い地上に出ることなく移動できるように、という配慮からだそうだ。いくつもの地下鉄の駅周辺にできた小さな町が結ばれて、まるで一つの地下都市が形成されているようだ。Torontoでは、TTC（トロント交通局）が、地下鉄とバス、そしてストリートカーと呼ばれる路面電車を走らせている。これが大変便利で、

いくつかの路線では24時間の運行を行っている。安全で清潔、しかも運賃が安い。1回の乗車で2カナダドルだ。それはいくつかの路線を乗り継いでも変わらない。Toronto市内のほとんどをカバーしているので、たったの2ドルでずいぶん遠くまで行くことができるのだ。高速道路も発達していて、車を使っての遠出にも、非常に便利にできている。これがまた日本では考えられないが、無料なのだからうれしい。私はTTCの定期券を持っていたので、誰とも約束のない休みの日などにはこれを使って、遠くのショッピングモールまで出かけていた。地理に弱い私は、出かける前に家で地図とにらめっこし、大きそうなショッピングモールを見つけては、地下鉄の駅や乗り継ぎバスの番号などしっかりチェックしてから目的地を目指した。一人で郊外に出かけると、バスやモールの中で日本人を見かけることはほとんどないに等しかった。心の中では少々ビクビクしていたりもしたが、それを表に出さず、背筋を伸ばして歩いたものだ。どこに行っても、モール自体はそれほど大差ない。だがそこまでの道中、例えばバスの車窓から眺める景色や、駅からモールまで歩く間に見る風景が、ステイ先の近所とは違っていていつも新鮮だった。短期の旅行で訪れただけでは出会うことのないであろうTorontoの持つあらゆる面を、一つ一つ知っていくのが楽しみだった。私にとっては、これも観光地めぐりだったと言える。

　言うまでもないが、一人でのショッピングモール巡りばかりしていたわけではない。一応一通りは、観光地らしき場所にも足を伸ばしたので、それらについて少し話そう。

9：Sightseeing

どこからでもたいていは見ることのできるCNタワー

＜ CN Tower ＞

　オンタリオ湖畔にそびえ立つタワーで、何の支えもない独立したタワーとしては、世界一の高さを誇るらしい。はた目に特別な細工が施されているわけではないが、一度は上まであがってみるべきだろう。ここから見る Toronto の夜景も素晴らしい。展望室の床がガラスになっている部分もあって、その上に立つとあまりの高さに足がすくむ。そしてその高さが、特に私達のような、その地理に慣れていない者にとって、大変便利な道しるべにもなる。ダウンタウンを歩いていると、自分がどこにいるかわからなくなる事もあったが、そういう時、ＣＮタワーが助けてくれた。中心部にいると、たいていはどこからでもタワーを見ることができるのだ。そしてこれが、街の南側、オンタリオ湖沿いに立っている事はわかっているので、大まかな地図を思い浮かべるだけで、自分の目指す方角がわかる。

Torontoの空が日本より高く見えたのは、もしかしたらこのタワーのせいだったのかもしれない。

＜ Casa Loma ＞
　これは、Torontoの中心部にある小高い丘の上に建つ。とても美しい建造物で、どこから見ても城である。しかし、本物の城ではない。城が好きでたまらなかった、ある大企業の経営者が、自分の城を持ちたくて建てたものらしい。確かによくできていて、内部の装飾も贅沢なものだ。美しい庭園もあり、中を見て歩くのもしっかり楽しめる。そんな本格派だっただけに、せっかく建てたこの城を維持していくのも大変だったようで、長年かけてようやく手に入れた夢の城を、所有者はあっという間に手放さなければならなかったらしいのだが…。城内の狭い階段を上って屋上に出ることもできる。少し高い所から眺める緑の街も、私は好きだった。

＜ Toronto Islands ＞
　ダウンタウンの南、オンタリオ湖に浮かぶ小さな島である。小型船に乗って15分ほどで到着してしまうが、ちょっとした旅行気分を味わえる。そしてこの島そのものが、別世界のようにも思えた。都会にいては味わえない空気を持っている。緑がいっぱいの避暑地とでも呼ぼうか。多くの人々が、ただのんびりと休日を過ごしていたりする。自転車で島内をサイクリング、あるいはローラーブレードで走り抜ける人、カヌーを楽しむ人の姿も多く見かけた。かわいらしい家が集まる地区もあった。

9：Sightseeing

トロントアイランドで見つけた何ともかわいらしい家

少し散歩しては、座り込んで湖を眺める。吹き抜ける風が心地よかった。ここから望むダウンタウンの展望も素晴らしい。自分の生活や現実を、客観的に見つめられるような気がした。

＜ Eaton Centre ＞

　数あるショッピングモールの代表的な存在だ。本当にダウンタウンの中心にあり、観光コースに組まれることもあるようだ。南北に長い建物で、その両端から直接、隣り合った地下鉄の二駅を利用できる。デパートや多くの専門店街、映画館も入っている。学校から近いこともあって、私も何度となく利用した。ここの映画館で上映されるのは最新作ではなく、ほんの少し前の作品で、そのために料金が安い。通常の映画館の半額で、たったの３ドルだった。モールの中でカナダのみやげ物も揃え

られるし、観光案内所もある。オンタリオ州全域の観光、宿泊など、役立つ情報を手に入れることができるので、ぜひ利用しよう。

< Museums >

　Torontoで時間に余裕があるならぜひ訪れて欲しいのが、美術館や博物館である。色々な種類のものがあるので、アート好きでなくても、何か興味深いものを見つけられるだろう。中でも一番有名なのは、"Royal Ontario Museum"（通称ROM）だ。建物自体も素晴らしいが、ここは美術品だけでなく、考古学や自然科学の分野からの展示品も多く集めていて、それぞれが非常に興味深い。その他にも、靴の博物館 "The Bata Shoe Museum"、セラミックの食器や人形などが集められた "The Gardiner Museum"、子供達の作品を展示する "Children's Own Museum" などなど、あげればキリがない。ここでしか見られないものに出会えるチャンスを逃す手はないだろう。

　以上のようなものが、観光スポットとして上げられると思う。その他、カナダと言えば、アイスホッケー。シーズン中ならゲーム観戦に行くのも面白いだろう。もっとも、あまりに人気がありすぎて、チケットを取るのがかなり難しいらしいのだが…。ゲームのある日にパブなど訪れると、店全体でお祭り騒ぎだ。その興奮ぶりには相当驚かされた。地元チームのTORONTO MAPLE LEAFSが勝ちでもすれば、試合後は熱狂的なファン

が、まるで暴走族のように大騒ぎで車を走らせていた。ちなみに、"ホッケー博物館"なるものもある。その人気が窺えるだろう。

　ＣＮタワーのすぐ隣には、立派な野球場"Sky Dome"もある。日本人大リーガーの試合を観戦できるチャンスもあるようなので、これもここならではの、楽しみなイベントとなるに違いない。

　他に、劇場に足を運ぶのもお勧めする。私は日本でも見たことがなかったのだが、ミュージカルを見に行った。私が見た作品は、演技、舞台美術など全てに於いて大変質が高く、世界中で話題になっていたもので、その出来は評判通り。私も大変感銘を受けた。席によってチケットの値段も様々だが、安い席でも映画代のようにはいかない。それでも、日本で見ることを思えば、決してメチャクチャに高いわけではないだろう。選んだ時間のせいもあるかと思うが、観客の多くが余裕のある感じの年配の方々だった。しかもアジア系の人を見かけられなかったので、日本人の友人と私の二人は、その場では少々浮いて見えたかも知れない。実際、あちこちから視線を感じるハメにあったのだった…。

　せっかく地球の裏側まで行くのなら、やはりできるだけいろんな所に足を伸ばすべきだと思う。こんなに遠くまで出かける機会はそうそう巡ってこないのが現実なのだ。色々なものを見て、色々な事を感じる。これも、自分磨きの糧となるに違いないのだから。どこに行っても、自分の知らない場所は全てが新鮮に映る。そこから人は、たくさんの事を吸収するのだ。

Torontoも例外ではない。期待以上に新鮮で、私に大きな影響を与えてくれたのだ。世界を見るとはこういう事なのだと思う。観光地めぐりだって、バカにできないのだ。

10 : Old and new

　私は、建物を見て歩くのが好きだ。やはり、基本的に私は静かな人間なのだろう。南米の生徒達はとにかくにぎやかなのが好きで、フラットメイトのブラジル人には、私の時間の使い方が理解できなかったようだが。私は一人で街を歩くのが苦にならない。もちろん友人と一緒なら、それはそれで違った時間を過ごせるのだからそれも楽しい。だが、別に飲んだり踊ったりしなくても、ただ目的もなく散歩するだけでも、私の心は満たされた。専門的な事はわからないし、歴史も苦手なのだが、いつからか古い建築物に興味を持ち始めた。これがこの場所に何百年も存在するのかと建物を見上げ、それを神秘だと感じる。そして、その風景の中に自分がいることを実感する時、深い幸せを感じる。

　特にこの度のTorento滞在で私がハマってしまったのが、レンガの壁だ。私が古い建造物の何を好きになったのか、それはレンガだったことがここで判明した。

　私が"その"レンガと出会ったのは偶然だった。いや、もしかしたら運命だったのか？　私はその日友人と一緒だったのだが、その彼女が、夕方出かける前に一度ステイ先に戻りたいと言うので、それまで予定のなかった私は、彼女に付き合うことにした。そして彼女はこう言った。

「近所に小さい公園があって、ブランコがあるんだけど、さすがに一人では遊べなくて…。でも、どうしても一度乗ってみ

たいの。付き合ってくれる?」

　そこは本当に小さな、何の変哲もない公園だった。彼女がブランコで遊び始めた時、ふと私の目に入ってきたのが、そのレンガだった。公園の脇にあった、おそらく倉庫だと思われる、これも一見何の変哲もない建物だった。最初はなんとなく目に止まっただけだったが、なぜか私はそこから目が離せなくなってしまった。とても美しい色のレンガだったのだ。今まで見たことのない美しさだった。新しくはない。かなり古いだろう。そしてその古さが、美しさに磨きをかけていた。何とも言えない一つ一つの色の違い。思わずカメラを向けた。散々ブランコを楽しんだ彼女は、何もない方向にカメラを向ける私に「そこから撮れる写真はレンガよね…」と、いぶかしげな表情を浮かべたのだった。

　その出会いから後、私はどこに行ってもレンガが気になってしかたがなかった。一人でも、友人と一緒でも、"いいレンガ"を見つけるとカメラを向けた。突然立ち止まってカメラを構え、一人遅れる私に気付くと、友人はいつも「またー?」と苦笑し、私は「ほら見て、あのレンガ。いい色よね!」と感激を伝えるが、「ハイハイ。行こうね」と腕を引っ張られる。お決まりのように繰り返されるこんな会話も、大好きだった。一応言っておくと、私だけでなくみんなそれぞれ興味あるものが違っていて、それが他の人間には特別ではなくて、「へんなのー!」と、お互いにからかい合っては楽しんでいたわけだ。

　Torontoは新しい物もたくさん持っていたが、やはり私は古い物が好きだった。大物では、トロント旧市庁舎やトロント

10：Old and new

大学が素晴らしかった。旧市庁舎の隣には新市庁舎があって、これが恐ろしく近代的なので、新旧の対比が激しかった。私としては旧市庁舎だけの風景を楽しみたかったが、どうやっても新市庁舎も一緒に視界に入ってしまう。もったいない…。そして、トロント大学。これは本当に美しい。学生数５万人を超えるというこの巨大な大学は、その歴史をそのままその姿から窺う事ができる。キャンパスはとても広々として開放感にあふれ、校舎は惜しみなく威厳を放っている。

　郊外の住宅街だけでなく、込み合ったダウンタウンの中でも、たくさんの古い教会を見ることができる。多民族社会のTorontoには、ありとあらゆる種類の教会が存在するのだ。そしてその多くが、自身の過去の歴史を物語るように重厚な建造物なのだが、それらの存在する景観はちょっと寂しい。というのも、そういった教会を取り囲むのが、すっかり近代化され洗練されたビル街だからだ。古いものを残そうという意志は感じられるが、ビルの谷間に低く小さく収まっている教会の姿は、何だか切なく目に映る気がした。

　古いものとして最後にもう一つ上げておきたいのが、キャベッジタウンと呼ばれる地域だ。ここは昔、移民してきたアイリッシュの人々が街を作り上げた場所ということで、現在もヨーロッパの香りを残す住宅街だ。古い建物好きの私にとっては、たまらなく贅沢な空間だった。どの家も何かしら特別なもの、例えば、外壁がよそにはない微妙な色だったり、テラスの手すりがさりげなくデコラティブだったり、一部に特殊なレンガを使っていたりして、その家にしかない工夫が見られるのだ。外

から眺めるだけであんなに素敵なのだ。屋内もさぞかし魅力的なのだろうと想像する。ただ、ここは住民に貧富の差があるらしく、夜など少々物騒な様子になるらしい。私がここを歩いたのは昼間だったが、確かにちょっと危なそうな雰囲気を感じた。ここを訪れるのは、朝あるいは午後の散歩目的がいいだろう。もっとも、他に何も特別なものは見受けられないので、遊び場所を探す人には、面白くないかもしれないが…。

　以上に上げた以外にも、ここには古い物が多く存在する。そして、都会らしい新しい物も。だからこそTorontoは、都会の喧騒を求める人にも、安らぐ空間を求める人にも、誰にでも優しいのだ。私達のようにまったく違う文化を持つ者には、私がそうだったように、新しい生活に馴染むまでには、ほんの少し時間を要するかもしれない。でもそれはTorontoでなくても、世界中どこに行っても同じことだ。そんな中でもここでは、いつかは誰もが自分の居場所を見つけられ、自分らしく無理せず、楽に生きていけるようになる。ここに永住するのが難しくても、実際に多くの人が１度では飽き足らず、２度３度とここに戻って来ては腰を落ち着けたがるのだ。

　新しいものと古い物とが同時に存在することで、私達はその歴史を肌で実感できる。人間とは何と偉大な生き物なのかと、私は感動すら覚えた。もしかしたら、古さと新しさを一度に体感できる事によって、この心地よさが生まれてくるのかもしれない。新旧、多民族、多種多様の文化が、自然に共存する場所、それがTorontoなのだ。

11 : Food

　Torontoを語るに当たって忘れてならないのが、食べ物のことだ。その食文化は、他に類を見ないほど優れている。それは何度も触れた通り、ここが多民族社会だからに他ならない。ダウンタウンには当然、あらゆる種類のレストランが建ち並ぶ。そして市内には、それぞれの人種で占められたコミュニティーがあちこちに点在しているので、何が食べたいか決まっていて、しかもいくつかの店を比べたいなら、こういった特定の地域を目指すのもよいだろう。たいていは、彼らの郷土料理の店が何軒かはあるに違いない。むろん、そういう場所にはその人種しかいないという訳ではないのだが、どこも仲間で固まっている感じだ。これだけの多民族社会ともなれば、どこからの移民かなんて関係なく、いろんな人々が混ざり合っていて自然だと思うのだが、やはり同じ民族で集うことが安心を生むものなのだろうか。こういう地域を訪れてみると、街の造りそのものにもそれぞれの特色が出ていて、よそとは違った雰囲気を味わえる。自分がどこにいるのか忘れてしまうほどだ。何しろ、歩いている人の顔つきからして、明らかに他とは違っていたりするのだから。ざっと上げるだけでも、以下のような地域があるのだ。China Town、Korea Town、Little Italy、India Bazaar、Greek Town…。ここに上げた地域は、一つ一つの国が特にハッキリしていて、レストランも多い。ダウンタウンでは、タイ料理、ベトナム料理などのレストランも人気があった。

そしてもちろん、ファーストフードの店やピザ屋も、いつもたくさんの人で賑わっていた。そこら中にある屋台のホットドッグ屋は、場所によって少しずつ値段が違っていたが、たいていは2ドル前後でとても安く、しかも美味しい！　そして特に私がお勧めしたいのが、ベーグルだ。日本でも食べたことはあったが、それはあまり好きでなかった私にとって、この美味しさは感激だった。はさんであるものは色々で、サラダ系のものからデザート系のものまであったが、何が日本のそれと違うのか、ベーグル自体がとにかくおいしくて、ランチや、何かちょっと食べたい時にピッタリだ。

　そして日本料理。ここでは日本食もかなりの人気で、多くのJapaneseレストランを見かけた。「せっかく外国にいるのに、ここまで来て日本食？」と思われる人もいるかと推測するが、私はあえて行ってみた。帰国を数日後に控えて、これも経験と思い、友人が薦めてくれた店に数人で行った。ちゃんとしたJapaneseレストランで私が行ったのはここだけだったが、この店はおいしかった。和食に飢えていたせいかもしれないが、心からおいしかったと言える。聞くところによると、やはりどこの店も美味しいというわけではないらしいので、行ったことのある人に聞くなどして、良さそうな店を選ぶといいだろう。ところで、私は少し驚いたのだが、ここで寿司や天ぷらに加え誰もが知っている日本料理は、"テリヤキ"だった。ショッピングモールの地下にあるレストラン街、ファーストフード系の店が集まっているような所にも、当たり前のようにテリヤキの店があった。ただ、その経営者が必ずしも日本人ではないらし

11 : Food

リュックで背負って持っていった
ホストファミリーへのおみやげ。

急須と湯のみのセット。
湯のみは全部で5つ。

私自身がほれ込んで選んだもの。

たよりないくらいフニャフニャのビニール袋に
パックされているMILK。

フリーザーにいくつか貯えられていた
濃縮冷凍オレンジジュース。

専用の容器に入れ、角っこをハサミで切る。

解凍し、容器で水とまぜて
できあがり。

う〜ん、なんてエコロジカル。
ゴミが減ります。

味もフレッシュだったし、
長期保存できて便利。

く、例えば中国人や韓国人のような、アジア人以外の人にとっては日本人との区別がつかないような人がやっている店が、結構多いようだ。それだけ"テリヤキ"は人気があり、客を呼べるということだろうか。名前はテリヤキでも、残念ながらとても和食とは言えないものもあったのが現状だったのではあるが…。

　自分で料理するにしても、和食用の食材をここで調達するのも、決して簡単ではない。とはいえ、しょうゆなどは多くのスーパーで見かけられたし、特に日本人向けの店でなくても、電化製品のコーナーでは、ごく普通に炊飯器を売っていたりして、かなり驚かされたのも事実だ。炊飯器は決して高価過ぎるわけでもなく、簡単に手に入る。米も、日本米でなければどこでも手に入るだろう。ただ、しょうゆに関して言えば、簡単に手には入るが、味は日本のものと少し違う気がした。米も、たとえ形が日本米そっくりでも、やはり味が違う。米自体に甘味がなく、パラッとした米が大半だ。だしや味噌などの調味料、えのきやごぼう、こんにゃくなど日本独特の食材は、やはりどこのスーパーにも置いてない。和食を作ろうにも、和食らしい和食を仕上げるのは、決して簡単ではないのだ。日本人の経営する、日本の商品を集めた店まで足を運ばなければ、希望の食材を見つけるのは相当難しいだろう。こういう店では、日本で売られているものと同じ物が手に入るが、いつでも何でも揃っているというわけではない。値段の方もかなり高くなっているので、なかなか手が出なかった。こんな状態なのだから、ここでJapaneseレストランに、本物の日本の味を求めるのは、や

11 : Food

はり無理があるのかもしれない。

　本当に、Torontoで食べられない料理はないだろうと思われる。世界中を旅しなくても、ここでは世界の料理を味わえるのだ。ただ私には逆に、カナダ料理がどんなものなのかわからないままだった。ホストマザーはアイリッシュだったから、色々なアイリッシュ料理を頂く機会はあった。彼女に聞いても、何がカナダ料理なのかよくわからないようだった。街を歩いていて、先ほど書いた以外にも、フランス料理、ポルトガル料理、メキシコ料理、ポーランド料理、ブラジル料理などの看板を見ることはあっても、"カナダ料理"と看板を掲げている店は見たことがない。Torontoは海沿いではないので、やたらとシーフードを食べる機会があったわけでもなかった。夏場は、どこの家でも裏庭で"バーベキュー"をするらしいが、これをカ

ステイ先がアイリッシュの家庭だったことも手伝って、
毎日食べることになったポテト

ナダ料理と呼ぶべきなのだろうか？　ただ、ここでのバーベキューというのは私の想像とは違っていて、バーベキューコンロでハンバーグを焼き、それをパンにはさんで食べるというものだった。"料理"とも言えない気がするし、普通バーベキューと言えば、串に刺した肉や野菜をクルクル回しながら焼く、というものを想像しないか？　ここで言われるバーベキューは、結局ハンバーガーではないか！　確かにそれは文句なくおいしかったが、なんとなく腑に落ちなかったのは私だけだったのだろうか？　そしていまだに答えは出ないまま。カナダ全体で言えばサーモンなどを使った料理になるのかもしれないが、これと言う"カナダ料理"を持たず、多国籍である事が、カナダらしいのかもしれない。

　もう一つ食べ物に関連して上げておきたいのが、カフェについて。私は、場所がどこであろうとカフェに行くのが好きで、カナダのケーキはどんなものかと期待もしていたのだが、通常はケーキにしろクッキーにしろ、ジャリジャリと砂糖の粒を噛み締めている気がするほど極端に甘かったので、ほとんどケーキは食べていない。それよりも、ここでぜひお勧めしたいのがマフィンだ。これはもう、本当においしかった！　形は日本で見るのと違っていて、まるでUFOのようだったが、特に外側のカリッとした香ばしさと、中のしっとり加減が絶妙で、最高だった。しかも、マフィンも紅茶も（私は紅茶派だが、もちろんコーヒーも）安い。カフェのハシゴをしたって出費は知れていた。ここでは早い時間に仕事を終え、1日の残りの時間をカフェで過ごす人がたくさんいた。そして夜になると、バーやパ

ブに場所を移す。私はアルコールがあまり好きではないので基本的には普段飲まないのだが、Torontoでは何度か、友人と飲みに出かけることもあった。もっとも、それで量をたくさん飲むわけではなく、お酒は口を潤す程度にとどめ、パティオに座って街行く人々を眺めながら、時間がゆっくりと過ぎるのを楽しんでいたのだった。私達がしたように、そこで宿題をするのもいいし、大きなソファのある店では、時間をかけて読書するのもいいだろう。豪華な料理が目の前に並んでいなくても、とても贅沢な気分に浸れた。カフェは本当に至る所にある。日本の都会ではなかなかお目にかかれない、こうした開放的な空間を持つカフェでお茶を飲みながら、夕食に何を食べるか決めるのもいいかもしれない。

　こんな街だから、食べ物に関しては困る事がなかった。いつも同じ物ばかりで飽きてしまうという事がないのだ。例えば韓国人の生徒達のほとんどは、毎日のようにKorea Townに足を運び、週に何度も韓国料理レストランで食事したり、食材を購入して自分で韓国料理を作ったりしていた。やろうと思えばそういう事もできる。いつでも好きなものが食べられるのだ。食に関して不安がないとは、なんと幸せなことだろう。最初のうち慣れない頃は少し痩せてしまった私だったが、生活のリズムをつかむと後は何でも美味しくて、3ヶ月の滞在で体重が4キロも増えてしまった。もちろん帰国後元に戻したが、外国にいると旅行気分で、ついつい自分に甘くなってしまう。「ここでしか食べられないかも」なんて思って、普段より卑しくなってしまったり、財布の紐も緩みがちになったり。何でも美味し

く食べられるのは健康な証拠だし、いい事だとは思うが、後のことを考えて行動する事をお勧めする…。

Just One Word *3 —— how to work

　Torontoで働く人々を見て私が感じたのが、ここで仕事をする人と日本で働く人は、なぜこんなにも違うのだろうか、ということだった。

　日本では、働く人はみんなアクセクしているように見える。それがここでは、「生活のために働く」という同じ理由で働いているにしても、「仕事中心」の日々を送っている人などいないのではないかと思えたのだ。働く時とそうでない時がハッキリしている。休む時はたっぷり休み、終業時間になれば、誰もがあっという間に職場から消える。そしてその働きぶりも日本とは違って、ゆったりとしていて余裕を感じられるのだ。これが日本だと、残業までして長時間職場に拘束され、有給休暇も実際には使えないままに終わってしまう、という人が大半だろう。ここでは、日本人のように命をかけるほどの勢いで仕事をしている人には、めったにお目にかかれない。そういう状況に慣れていない私達にとって、働く人々のそういう態度が、時に「やる気がない」と映ってガッカリさせられる事もあるのは事実だ。しかしそこは、少し角度を変えて見てみたい。例えば接客一つとっても、日本が何でも過剰にやり過ぎなのだとは言えないだろうか。もし、人にされて気に入らない事があるなら、逆の立場に立った時、自分はそれをしないよう気を付ければよいだけの話だ。外国で日本の常識を当てはめて、人々に完璧を求めたり期待しすぎるのは、所詮無理がある。私達はまったく

異なる文化背景を持っているのだから「違って当たり前」と、大きな心で相手を迎え入れる余裕が欲しいものだ。

　働きぶりだけでなく、転職事情も、ここではずいぶん違っていた。日本ではまだまだ、一つの会社に一生を捧げる事を"美徳"と考える風潮が消えない。何度も転職した跡が履歴書に残っていると、それはデメリットとされる。それがここでは、自分の都合あるいは能力に合わせて簡単に職場を変えるし、次の職場に対しても、この事が決してマイナス面にはならない。転職が逆に"経験"として受け入れられ、プラスに作用することもあるらしい。本人に能力とやる気がありさえすれば、新しい仕事を手に入れるチャンスは訪れるし、転職したこと自体が大きく問題にされるような事はないのだ。日本の社会でも、こうあるべきではないだろうか。嫌でたまらない仕事を、やる気もなくただこなしているだけでも、会社に歯向かわず長く在籍してくれるのなら、雇用する側は満足するのか？　学歴とか、企業に対してどれだけ従順か、といった点が最も重要視され、それが個人の評価に繋がるのはおかしいと思う。企業が個人を評価する時見るべき点は、本人の人格、能力、やる気、であるべきではないのだろうか。

　私の通った語学学校で、こんな事があった。ある週末、小さな子を持つ父である一人の教師が、「来週1週間休むから、代わりの先生が来ると思うよ」と言った。そしてその理由がこうだった。

「私には理想の教師像がある。自分の子供がもう少し大きくなって学校に行く頃の事を考えると、今のままではどこの学校

にも我が子を安心して預けられない。だから、私自身そういう教育現場に入って、まず自分が"理想の教師"になりたいんだ。来週の休暇は、次の職場の面接を受けるために取ったんだ」

　私は彼の思想そのものにも感動したが、こういう事をアッサリとできてしまう環境を、とてもうらやましく思った。これは、Torontoだけで起こっている事ではない。日本の社会も世界に目を向け、こういう事を実践している国に習って、"個人に優しく"なって欲しいと、心から願って止まない。

12 : My favourite

　ここでは、Torontoで過ごした私のお気に入りの場所を、いくつか紹介したい。

＜ Greek Town ＞
　私のホームステイ先がここに近かったのは本当にラッキーだった。ウチの最寄りの地下鉄駅BROADVIEWから、西に2つ目の駅PAPE辺りまで、Danforth Ave.沿いにギリシャ系のレストランやおしゃれなカフェが建ち並んでいる。ここが、Greek Townと呼ばれる地域だ。店の店員も周辺住民もギリシャ人が多いようで、彫刻のように彫りの深い顔立ちをした人に多く出会う。友人と歩いている時、結婚式を終えたばかりのカップルが教会から出てきて車に乗り込む場面に、偶然遭遇したことがあった。その花嫁の美しかったこと！　それは本当に彫刻のように完璧なまでの端正な顔立ちで、その時の私達はしばらく立ち去るのも忘れ、彼女の美しさに見入っていたものだ。ここでは看板や標識にもギリシャ文字が並び、通りにはギリシャの国旗が掲げられている。

　私が生まれて初めて食べたギリシャ料理は、実はホストマザーが作ってくれた"スブラキ"だったのだが、その数日後、Greek Townの一角にあるレストランに連れて行ってもらって本物を食べた。その後、友人と訪れた時に食べた"ムサカ"も含め、ギリシャ料理はどれも私達の口に合っておいしかった。

12：My favourite

お気に入りのGreek Townで食べたギリシャ料理。ムサカとスブラキ

　しかし、私がGreek Townを好きになったのは、その料理を気に入ったからではない。街そのものの持つ雰囲気を気に入ったのだ。"Food"の所でも書いたように、Torontoにはたくさんの異民族コミュニティーがあって、どこもそれぞれに違った雰囲気を持っているのだが、中でもGreek Townは、他と比べてその規模が大きい事もあり、Torontoではない別の場所にいるような気分にさせてくれる。パティオのあるカフェが多く並ぶのもその特徴で、天気のよい日には平日週末問わず、どこの店もたくさんの人で賑わっている。昼間はお茶で、夜はほとんどの店がそのままパブ、あるいはレストランになるので、食事とお酒も楽しめる。カフェだけでなく、素敵な雑貨屋さんやインテリアショップもあり、ただ歩いて周るだけでも十分楽しめるのだ。私はこの辺りの家賃の相場は知らないが（恐らく

高いだろう)、スーパーや郵便局もあるし、ダウンタウンにも近いし、遊ぶだけでなく住むにも便利で最高の場所だろう。Torontoにもう一度行けるなら、一番に訪れたい場所だ。

＜ Bookstore ＞

　私が何度も足を運んだ場所、それは本屋だ。実際に本を買う買わないにかかわらず、元々本屋に行くのは好きなのだが、ここではそれを本当に満喫した。私達が日本で洋書を買おうと思うと、その価格は現地の物の２倍にもなる。しかも、日本では欲しい洋書の全てを手に入れるのは難しいので、海外を訪れる時には、ぜひ本屋に足を運びたい。

　Torontoには大きなチェーンの本屋がいくつかあって、それがどこの店舗も広々として、ゆとりのある造りになっている。近頃は日本でも都会に行けば見かけられるらしいが、私にとってはここで見たのが初めてだったので、この手の本屋の存在に大いに感動した。ここは本屋にもソファや椅子が置いてあって、まるで図書館のように、ゆっくりと座って読書できたりもするのだ。本屋の中にカフェがある所も多く、誰もが午後のひとときを、思うがまま静かに楽しんでいる。どの店も、店の造りそのものが、気持ちよいほどゆったりしていた。例えば、ショッピングモールに入っている店などは、２あるいは３フロアを占めるか、そうでなければ中２階を作るなどして吹き抜けを設ける。そしてそれを取り囲むように階段を配置し、全体を見渡せるようにする。これによって店舗は、横にも縦にも広々とし、まったく圧迫感のない居心地よい空間となっているのだ。

私がなぜここの本屋を特別気に入ったか、それは価格にも理由がある。どこの店も、必ず「バーゲン」のコーナーが大きく設けてあり、同じチェーンの店でも、バーゲンに出ているものが違っていたりして、思わぬ掘り出し物に出会えることもあるのだ。バーゲンに出されるには、恐らくそれなりの理由があるのだろう。ただの売れ残りかも知れない。それでもまだ、簡単に洋書を手に入れられない私達にとっては、十分価値のあるものが出されている。私もずいぶんいろいろ買ったが、本は重いので持って帰るのが大変だ。今すぐ読まないなら、なるべく少しずつ郵送した方がいいだろう。

　一つ付け加えておくと、ここではまるで図書館のように、買わないまま読書できてしまうので、これでも売り物になるのかというような、すでに状態の悪くなったものもあった。が、その辺はご愛嬌という事で、購入の際には自身でチェックするべきかもしれない。

　それにしても、今思い出してもあの本屋はよかった。重厚で落ち着いた店造りも、私の好みに合っていた。今私が住んでいる、日本の、こんな中途半端な街では、あれほど素敵な本屋は決して存在しない。無機質でない書店を作るのは、日本では難しいのだろうか…。

＜ Park ＞
　最後に上げておきたいのが、いたる所にある公園だ。ダウンタウンでも、ちょっとしたスペースがあれば、そこは公園にされていた。そして、たとえそれが本当に小さな広場でも、なぜ

かゆとりを感じられる空間になっている。芝生にたった一つのベンチ。それで十分だった。もちろん小さな公園ばかりではなく、大きなものもあちこちにあった。遊戯施設が揃えてあったり、グラウンドを設けてあったり、老若男女問わず、誰もが楽しめる場所になっている。自分は何もする事がなかったとしても、そこに遊んでいる子供達をただ見ているだけで、気分のよい一日を過ごせた。中でも、特に私が気に入った公園を紹介したい。

　まずは、High Park。ここは本当に巨大な公園だ。Parkと言うからには公園なのだろうが、"公園"の一言で言い表すには、言葉が足りない気がする。テニスコート、大きな池、動物園、犬のトレーニング場みたいなものまであった。ここは車で乗り入れができるし、様々なイベントが催されるようだ。今回私は、３月の終わりからTorontoにいたので、今年はお花見ができないと覚悟していた。ところが、ここHigh Parkにはたくさんの桜が植えられていて、しかもそれが日本で見られるのと同じ種類で、友人と共にちゃんとお花見に出かけられたのだ。日本の桜と区別して、カナディアンチェリーブラッサムと呼ばれていたカナダの桜は、かなり濃いピンク色で、薄桃色の日本の桜とのコントラストがとても美しかった。ここには多くの日本人が、私達のようにお弁当を持ってお花見に訪れていた。レジャーシートまで広げているのはさすがに日本人ぐらいで、私達の姿が珍しかったのか、気付くと写真を撮られていたりもした。ホームステイ先に炊飯器のある友人が、こちらで入手した日本米で炊いたご飯と、日本から持って来たふりかけなどを使って、たっぷりとおにぎりを作ってくれた。日本でするのと

同じようにできた桜の下でのお花見は、やはりここ異国の町でも最高によい気分にさせてくれたのだった。ダウンタウンに程近いこの場所に、一体どうやって、こんなにも巨大なスペースを公園用地として確保できたのか、不思議に思う。こういう所にも、Torontoの偉大さを見出すのは、私だけだろうか。

　次なる私のお気に入り、それは、私のステイ先から南に少し下った場所にあった、Riverdale Parkだ。ここは川沿いに広がる公園なので、川の流れる谷間から住宅地のある高さまで丘のようになっていて、常に心地よい風が吹き抜けていた。しかも遠くには、ダウンタウンの高層ビル街を見渡す事ができ、眺めも最高だった。街を歩いてばかりいないで、この公園でのんびりする時間をもっとたくさん持つべきだったと、今少し後悔している。何も特別なものはなく、グラウンドがあるくらいだったが、そこでサッカーをしている少年達を上から見下ろすのも、悪くなかった。

　数え上げたらキリがない。ここには本当に無数の公園が存在するのだ。何でもないこんな空間が、私達の心をこんなにも潤してくれることを、日本はもっと認識するべきだろう。

　国土の狭い私達の国では、たったこれだけのことも贅沢なのかもしれない。しかし、ちょっとしたことで、私達は幸せを感じられるのだ。近所に公園がある。お気に入りの本屋がある。そんな些細な事が、せわしない日々に疲れた私達に、元気を取り戻させてくれる。私はここで、失っていた自分自身を取り戻せた。穏やかな時間で私を包んでくれたTorontoは、私にとって"第二のふるさと"と言えるだろう。

13 : Montreal/Quebec

　私がTorontoに滞在中に、唯一泊まりで行った旅行先が、MontrealとQuebecだ。カナダに来て、ちょうど一ヶ月たった頃だった。

　言うまでもないが、カナダの公用語は英語とフランス語だ。カナダのどこに行っても、お菓子のパッケージや洋服のタグから、説明書や道路標識まで、英語とフランス語の二カ国語が書かれている。私はフランス語の方はまったくダメだが、必ず両方が書かれているものを見るのは、自分がカナダにいる事を思い出させてくれるので、好きだった。カナダの東部を訪れるなら絶対に見落としたくない場所の一つが、フランス語圏であるここ、ケベック州だ。カナダに居ながらにして、ヨーロッパの雰囲気を堪能できる。

　私は3人の友人達と、VIA鉄道でここを訪れた。地図を見るとそれほど遠く感じないが、何しろカナダは大きい。日本国内を旅行するような気分では、ここでの国内旅行を語れない。VIA鉄道利用で、TorontoからMontrealまで4時間、MontrealからQuebecまで3時間はかかるのだ。私達の行きの便は、夜遅くに出発して車中泊するもので、4時間で行ける所にわざわざ倍の時間を費やし、ゆっくりと走る便だった。しかもそれは寝台車ではなく普通の座席なので、熟睡もできない。ハードと言えばハードな旅だった。他に、レンタカーや飛行機、あるいは安いバスツアーを利用する事もできる。しかし、道中を楽

しむ意味も含めて、私はVIA利用でよかったと思う。

< Montreal >

　3日間の旅で私達がここに滞在したのは、わずか10時間。正直言って、充分ではなかっただろう。見て周れなかった場所もたくさんあるし、本当はゆっくりカフェでお茶でもしたかった。しかし今回、私達のメインの目的地はQuebecだったので、Montrealは大まかに済ませた。

　ここで私達がどうしても訪れたかった場所、それがノートルダム聖堂だ。カナダで最古のネオ・ゴシック様式教会の一つだそうで、それはそれは美しいものだった。全体の照明は暗めで、その中に浮かび上がるゴールドの祭壇が、ブルーの照明で見事に照らし出されていた。そこでは何度ため息が出たかわからない。あの重厚な美しさは、他のものに例えることもできない。信者ではない私達も、自然に神聖な気持ちにならされた。この聖堂を訪れただけで、Montrealに来た目的は果たされたとさえ言えるだろう。

　旧市内には、小ぢんまりとした町並みに石畳の道が伸びている。本当にパリを思い起こさせてくれる風景だった。そしてここにも、超近代化されたビル街はある。道を挟んだ両脇に、現代的なビル群と歴史を物語る古い建物が、違和感なく共存している姿も、私には潔い街造りとして映った。都会の顔をした大通りに堂々と居座る市役所は、1827年に建てられたものだという。その大きさもさることながら、その姿は威厳を放ち、どこか優美でもある。私は始め、この建築物をホテルかと思った。

このゴージャスさが、ますますヨーロッパを思い出させるのだ。

　Montrealには多くの素晴らしい美術館もあるようなのだが、今回は時間の関係上どこにも行けなかった。次回訪れる時は、ぜひ市内で宿泊し、もっと広範囲で行動したいと思う。

< Quebec >

Montreal　古い建造物と新しいビル群が、ごく自然に共存している

　私達は、Quebecのオールドシティーを訪れた。ここに着いた時、すでに夜の9時を回っていて、駅前から見る町はほとんど明かりも見えず、少し寂しい印象だった。とはいえ、ＶＩＡの駅そのものが、いきなりとてもかわいらしく、たった今降り立ったばかりのQuebecに、押さえきれない期待は膨らんでいった。ただ、私達にはこの町の予備知識はほとんどなく、ガイドブックから得られる程度のものだった。そして恐らく多くの人が、私達のように忘れているだろう。地図では"高低"が見えない事を。私達の予約したプチホテルは駅から近そうだったし、小旅行なので荷物もさほど大きくない。ホテルまでは歩いて行こうと決めていた。そして私達は、すぐ

13：Montreal/Quebec

どこを切り取っても美しい
Quebecの町並み。

に後悔させられる事となる。どこまでも、恐ろしく急な坂道が続いていたのだ。初めての場所で、しかも辺りは暗い。目的地までの距離がハッキリわからないだけに、その道のりは本当に長かった。一日 Montreal を歩き回って疲れていた上でのこの坂道には、少々参った。それでもとにかくホテルに到着。なんとも陽気な主人が待ってくれていた。

　このホテル、一応Ｂ＆Ｂ（朝食付き簡易宿泊所。Bed and Breakfast の略）になると思われるが、私達がインターネットで見つけた情報ページ上の分類としてはプチホテルとされていた。私達は１部屋を４人で使用、ベッドはクイーンサイズが二つ、朝食付きで一泊一部屋９５ドルだった。日本円にして一人２０００円にも満たない。あまりの安さにびっくりだ。もちろん、探せばもっともっと安い所があるだろう。しかし、ここはとっても良いホテルだったので、私達は充分満足した。通常は二人用らしいこの部屋は、４人には特別広くはなかったが、決して狭くもなかった。歴史ある建物は私好みだったし、何よりホテルのご主人がいつも明るく楽しい人で、とてもよくしてくれたのがうれしかった。娘さんらしき美人の女性も、私達がレストランを探していた時にはいろいろアドバイスをくれ、好意で予約などの手配をしてくれた。朝食はクロワッサンと飲み物だけの簡単なものだったが、このクロワッサンがとてもおいしかった。ご主人に、いたって陽気におかわりを勧められ、全員しっかり二つ目を頂いた。このホテルに関しては、１００％満足だった。

　到着翌朝、やっと Quebec の町を、明るい光の中で見るこ

とができた。雨だったのが残念だが、そこはとにかくラブリーで、町のどこを切り取っても絵になる風景ばかりだった。まだ寒い時だっただけに木々も裸で、緑のない町に雨の降り注ぐ姿はちょっと寂しくもあったが、建物にきれいな色を使ってあったりして、町造りそのものが既に美しいので、充分目を楽しませてくれた。緑の多い頃、あるいは紅葉の季節は、どんなにか素晴らしい姿を見せてくれることだろう。

　オールドシティーのシンボルとも言える、シャトー・フロントナック・ホテルを中心に展開するこの町は、穏やかな美しさをたたえ、私が想像していたよりは小さな町だった。道は狭く、やはりどこまでも坂道だった。ここは、ゆっくりと時間をかけて歩くのが最高だろう。どんな小道に入っても、裏切られることのない風景なのだ。とはいえ、ちゃんとヨーロッパの空気を残しつつも、それなりに観光地化されてはいるとも感じた。かわいらしい店の多くがみやげもの屋だったし、宿泊施設はそこら中にあった。それでもやはり、住民がこの町を守っていこうとしている意気込みは伝わる。多くの人を受け入れることが、ここをしっかりと守り続けることの助けとなっているのは、間違いないだろう。

　私達の行ったのが、まだ観光シーズンに入っていなかった時期だったため、ここでも日本人に会うことはなかった。どこに行っても人々は親切で、少し気取ったフランス人を多く見るかと想像していた私は、フレンドリーな彼らに出会えてうれしかった。

　実はこんな事があった。Quebecに滞在中、友人の一人が

誕生日を迎えるので、他の３人で密かに、彼女を驚かす計画を立てていた。Torontoで既に用意していたプレゼントを、こっそりカバンに入れて持って来ていたし、フレンチのディナーを頂いたレストランではデザートの時、今日バースデイを迎えた彼女のために何かしてあげたいと、本人に悟られないようウェイターに持ちかけた。すると彼は、彼女のアイスクリームに花火を立て、"ハッピーバースデイ"を歌いながら運んできてくれたのだった。ここのウェイターは皆黒服で一見怖そうに見えていたのに、その彼は茶目っ気たっぷりに憎い演出をしてくれたのだ。歌い終わると、他のテーブルの客も含め、店にいた全員が、彼女におめでとうの拍手を送ってくれた。これが日本だと、この手のレストランでは、とてもあんな展開にはならなかったと思う。ここでは人々が本当に温かいのだ。主役の彼女はもちろんのこと、残る私達３人にとっても、大感激の夜となったのだった。

　カフェ好きの私としては、本当はここでお茶でもしながら、のんびりと絵を描く時間など持ちたかったのだが、残念ながら私達の滞在中３日間、ずっと雨が降りっぱなし。しかも強風が吹き荒れ、凍えるほど寒かったのだ。ここはTorontoより緯度が高く、気温もかなり低い。まさかここまで寒いとは予想していなかったので、マフラーも用意していなかった。少々軽装過ぎたのは反省点だ。傘は持っていたが、あまりにひどい風だったので何度も反対側にひっくり返ったあげく骨が折れて壊れてしまう…。こんな調子で、落ち着いて絵を描くような優雅な時間はまったく持てなかった。今回天気には散々な目に合

13：Montreal/Quebec

わされた。もしこれで天気がよければ、この旅は数段素晴らしいものになったに違いない。しかし結果として、こんな天気でも、私達はこの旅を思いっきり楽しむ事ができた。ドンヨリとした空の下でもQuebecは充分美しかったし、必ずもう一度訪れたいと心から思うのだ。全然わからないフランス語も、耳に心地よく響いたし、紳士的で優しいこの町を、私達は全員大好きになった。カナダにはこんな顔もあるという事を、多くの人に知ってもらいたいと、心から願って止まない。

Montreal／Quebec
で見つけた
ラブリーな看板たち。

←ここなんてステンドグラス！

日本でも
こういうのあったらいいのに。

14 : Niagara Falls

　東カナダで一番に思いつく最大の観光地、それは、ナイアガラの滝だろう。今回私はここを2回訪れることができた。一度目は、日本から遊びに来た友人と長距離バスで。二度目は帰国直前、いつもの仲間達とレンタカーで。トロントからは2時間程で行くことができるので、ちょっとしたドライブ感覚だった。バスの旅もよかったし、車でも行けてよかった。運転は、国際免許証を用意していた友人の一人が担当。もちろん、これが彼女にとっては初めての、海外での運転経験となる。左ハンドルも初めてだったし、ましてや走行車線が日本とは逆の右側になるので、交差点などで曲がる時など、ちょっと油断すると、ついつい左車線に入ろうとしてしまう。彼女だけでなく同乗の5人全員で、間違いがないよう常に神経を張り巡らせていたものだ。

　さて、楽しみにしていたナイアガラの滝、とにかく圧巻だった。ここに到着して最初に目に入った滝は、正直言って「そんなに大きくないな」と思えた。それはそうだ。まだ滝と私の間には、しっかりと距離があったのだから。徐々に近付き、アメリカ滝を目の前にする。奥にあるカナダ滝までには、まだ距離があった。大きい。確かに大きい事はわかる。しかし、この時の私は、まだこの滝の真の偉大さに気付いていなかった。想像を絶する大きさゆえ、自分がすでに滝の目の前にいるような錯覚を受けていたのだ。しばらくそこから滝を眺めた後、"霧の

乙女号（Maid of the Mist）"というボートに乗った。本当に滝の目前まで近付くため水しぶきに濡れるということで、ビニールで簡単に作られた青いレインコートを渡される。どんな体型の人にも合うように、ずいぶん余裕を持たせてあって、すっぽりと全身を覆うことができた。まだ陸上にいる間にこれを着ていると、なんだか滑稽だ。こうして、まずはアメリカ滝に向かう。大きかった。さっきまで見ていた大きさとは、明らかに違っていた。そして、今見ているこの滝がある側はアメリカなのかと、感慨もひとしおだった。アメリカ滝を通りすぎ、いよいよカナダ滝に向けて船は進む。だんだん近付くにつれ、水しぶきもひどくなってきた。船に乗るまでは、せいぜい"霧吹きの霧"程度の水しぶきだろうと想像していた私は、予想外の展開に驚かされた。これはもう"水しぶき"とは呼べない代物だ

ナイアガラの滝　左がアメリカ滝、右がカナダ滝

った。土砂降りの雨の中に突入していたのだ。はっきり言って、レインコートもあまり役に立たなかった。すっぽりと覆われている体はまだしも、顔はビショビショ、袖口からも水は侵入して、持っていたカメラもずぶぬれになってしまった。船は結構揺れるし、あまりにひどい水しぶきで目を開けるのもやっとだった。しっかりされたメイクも当然剥げ落ちてしまって、ひどい顔になっているご婦人もいた…。そんな中、気付くと目の前にカナダ滝が現れていた。これはもう、言葉では言い表せない。日本では細く落ちる滝しか見たことがなかった私には、目の前のこれを、同じ"滝"と表現してよいものかどうか疑問を感じた。これが、あの"ナイアガラの滝"なのかと、感慨深かった。幅が広く、高さもある。どうやってこれほどの大量の水は、ここまで辿り着いたのだろうか。下から見る滝もすごいものだったが、真上から見る滝もすごい。陸上から滝のすぐそばに行き、水が流れ落ちる部分を上から見る事ができる。川底を滑り落ちる大量の水が、まるでガラスビンの底のように透明で青い縁取りを、太く作っている。一瞬の休みもなくこんな風に流れ落ちていて、どうして水はなくならないのだろう。途切れることなく落ち続ける水を前に、自然の雄大さ、神秘を思った。私達人間には説明のつかない自然の偉大さを目の前にして、とにかく「すごい」という言葉しか出てこなかった。他にどんな言葉で表現できると言うのだろう？　きっと、見た者一人一人が、それぞれに何かを感じることしか出来ないのだと思う。こうして文章にしても、あの感動は伝わらないだろう。見た人にしかわからない。やはり一生に一度は見ておくべきものだと、私はお

勧めしておく。

　しかし、聞くところによると、この滝を見た人全員が感動を覚えるわけではないらしい。事前に期待しすぎて、実際に本物を見ると、ガッカリするという人もいるというのだ。感じ方は人それぞれなので、私の意見だけで期待し過ぎないようにして欲しいとは思う。それでもやはり、実物を見ない事には、その是非は語れないのだ。機会がある人には、必ず見て頂きたい。そして、できるだけ滝に近付いて見ることが大事だと思う。すぐ側まで行って初めて、その大きさを実感できるのだから。

　これほど偉大な大自然の宝を所有するこの土地でも、残念ながら観光地化は進んでいた。しかもこれが、見るに耐えないものだったのだ。滝そのものを目の前にしては見えないのが幸いだが、周辺を取り巻く地域には、ここにある意味のないものが多く見られた。言うまでもなく、ここは観光地だ。たくさんのホテルがあっても、それはしかたのない事だ。しかし、そのホテル街に軒を連ねるのが、なぜ、お化け屋敷やロウ人形館なのだろう？　ここには、ギラギラと電飾で飾り付けられた建物ばかりが建ち並び、一歩その地域に足を踏み入れると、自分が何をしにここへ来たのかわからなくなる。地域住民が生きていくためには、これもしかたのない事だったのだろうか。興醒めするとはまさにこの事だ。できるものなら、この地域の見直しをして、自然の力で作り上げられた"世界のナイアガラの滝"を生かす町造りをして欲しいと切に願う。

　ナイアガラの滝の周辺にも、行っておきたい場所はいくつかある。私達は日帰りでここを訪れたため、時間に追われてしま

って、せっかくここまで足を伸ばしても、見逃したものも多くあると思われる。時間があるならぜひここで一泊して、ゆっくりと時間をかけて訪れたい場所もあったが、とりあえず私は日帰りにしろ二度ここに来る事ができたので、2軒のワイナリー（ワイン醸造所）と、ナイアガラの滝から26kmほど北に位置する小さな町、Niagara on the Lakeを訪ねることができた。

　ナイアガラの滝とNiagara on the Lake（ＮＯＴＬ）を結ぶナイアガラパークウェイ周辺には、多くのワイナリーが点在する。実は私も知らなかったのだが、カナダ産のワインは、世界的コンクールでも高い評価を受けている質の高いもので、そのカナダワインの85％を生産するのが、ここナイアガラなのだそうだ。ほとんどのワイナリーでは積極的に観光客を受け入れ、自社ワインのテイスティングもさせてくれる。特にお勧めなのが、アイスワイン。一般のワインに比べ、値段はずいぶん高くなってしまうが、このフルーティーで甘いデザートワインは、ぜひ一度試して頂きたい。普通のワインは、寒くなって霜が降りてしまう前にブドウを収穫して作られるのだが、アイスワインは、それよりずっと長くブドウを木に残しておき、凍ったままのブドウを収穫して絞られる。しっかり熟してから作られるため、普通のワインに比べて甘味が強く、色も濃い目で少しドロッとした感じだ。ここでも値段は張るが、日本だともっと高価になるだろう。その点からも、ここで飲んでおきたいものだと言える。

　ＮＯＴＬは、今でも19世紀の姿を残す町だ。小さな町だが、緑が多く、かわいらしい店やカフェが並び、清潔で明るい。観

光客相手の店が多いとは言え、ここでは派手な看板やネオンなどは見られないため、観光地化されているという印象は与えられない。ここでも日本人に遭遇することはなく、店の人達もみんな親切でフレンドリーだった。ランチのため入った店では昼時で忙しそうだったにもかかわらず、どこから来たのかとか、ここは気に入ったかとか、気さくに声をかけてくれた。何軒か手作りアイスクリームの店があり、心地よい風の中、キュートな町を歩きながら食べるアイスクリームは格別だった。

　振り返って見れば、私のナイアガラへの旅はコンパクトなものだった。しかし、その内容は充実していた。あの滝を見ずしてカナダを離れることはできなかっただろうし、いろんな顔を持つカナダの一つ一つを、この目で確かめていったようで、満足感でいっぱいだった。

　Toronto 滞在中ここまでで、バスの旅、車の旅、電車の旅、そしてあちこち歩き回る徒歩の旅も、全て経験できた。それでも、カナダは広大なので、まだまだ時間は足りない。費用の事もあって、飛行機を使ってまでの旅は経験できなかったが、無理しない範囲でできることはやれたと思いたい。ナイアガラの滝を見られたことが、その締めくくりとなったのではないかと思わずにはいられない。

Just One Word *4 —— animals

　ここでは、私がTorontoに来て見かけた、動物について話そう。

　ここで初めて見たもので驚かされたのは、黒い物体だった。ステイ先にいた時、何気なく窓の外を見ていたら、隣の家の庭から塀を乗り越えて来た黒い何かが、ウチの庭を横切って走り去った。何が起こったのかわからずそのまま外を注視していると、その物体はチラチラとその姿を見せては、すぐにまた茂みに消えた。後でホストファーザーのRonに聞くと、「まさかラクーンじゃないだろうな」と忌々しそうに言う。「それか、スカンクかな」とアッサリ言ってのけた。スカンク？　私は想像もしなかった。スカンクが普通に辺りを走っているなんて！

　結局、私が見たそれは、リスだったと思われる。しかしそれは、リスと言われて私達が想像するものとはまったく違うものだという事を、付け加えておく。ここでは、本当に何度もリスに遭遇した。これが結構大きくて、全身が真っ黒か、あるいは少しグレーっぽいもので、一色。別に私達を襲うわけではないが、見た目がちょっと怖い感じだ。

　Ronが言っていたラクーンは、いわゆるアライグマだ。後に私も実物を見ることができた。彼いわく、ラクーンは見た目にはとても可愛いが、結構狂暴なのだそうだ。決まった道を歩くので、それを知らずに私達が彼らの道を邪魔していたら、攻撃してくると言うのだ。ゴミを外に出しておくと、アサってメチ

ャクチャにされるらしい。あの愛くるしい姿からはまったく想像できないが、ラクーンの出現は、地元の人にはうれしくない事のようだ。ちなみに、私の友人が初めて見たラクーンは、車でナイアガラに向かう道中、高速道路上に倒れていたものだった。傷は見えなかったが、飛び出して来て車にひかれたに違いない。「初めてラクーンを見れたのに、こんな形でなんて…」と、彼女は半べそ状態だった…。

　そしてスカンク。私はスカンクを見る事はできなかった。しかし、誰もが知っているように、スカンクは臭いを放つ。これまたRonいわく、この臭いが付くと1週間は取れないから、とにかくスカンクを見たら逃げろと…。少々大げさな描写によるアドバイスだったのかもしれないが、この話を聞く限り、あまり出会いたくないものではある。

　一方会ってうれしかったのが、リスはリスでもシマリスだ。私の近所では見られなかったが、High Parkに行った時、たくさんのシマリスに出会えた。これこそが、私達の想像する可愛いリスの姿。本当に小さくて、チョロチョロと素早く動き回る。食べ物を見つけると急いで口の中に詰め込み、普段はスリムな顔のラインも、蓄えた食べ物でほっぺがパンパンに膨れる。それが何とも言えずキュートなのだ。通常は近付くと逃げられたが、中には側に寄っても逃げないものもいた。動物園でしかお目にかかれないシマリスが、ここでは自然の中で走り回っている。まったく羨ましい限りだ。

　他にも、それまで見た事のなかった鳥をいくつか見かけた。真っ黒な体に、目の下だけ黄色とオレンジの線が入った鳥。本

当に全身真っ赤な鳥。全体に黒っぽいが、頭の辺りが玉虫色っぽい青色の鳥などだ。カナダグースという雁は、かなり大きくて、人間などものともせず、集団で陸地に上がってくる。High Parkで花見をしていた時など、読書の途中でふと目を上げると、いつの間に音もなくやってきたのか、1メートルの距離まで近付いていて驚かされた事もあった。

　なじみのないこれらの動物を見られるだけでも、ここが日本ではないことを実感できたのだった。

15 : People

　ここまで、私がTorontoに滞在中に体験した出来事を書いてきた。その一つ一つが全て、貴重なものだ。しかし、他の何より私にとって財産になったのは、人々との出会いだった。それがたとえ、長い人生の中では一瞬でしかないとしても、私達がその瞬間そこにいたからこそ出会えた偶然だ。そして相手も日本人だったとしても、日本にいては会うことができなかったのだ。同じ時、同じ場所に存在していたからこそ実現したこの偶然は、奇跡だと思う。こうして出会えた人達への感謝の意味を込めて、いくつかのエピソードと共に、ここで彼らを紹介しておきたい。

＜ Minako ＞
　彼女とは、語学学校で最初と最後の２回、同じクラスになった。目がクリクリと大きく、とてもかわいらしい彼女は、私には始め"イマドキの子"と映った。確かに彼女は若い。その春大学を卒業したばかりの彼女には、既に30を越えている私など相手にしてもらえないだろうと思っていたものだが、最終的に、私がTorontoでの日々を一番多く一緒に過ごした相手は、彼女だった。カフェで一緒に宿題をしたり、公園にただボンヤリ座って、あるいはGreek Townでビールを飲みながら、行き交う人を眺め、いろんな事をしゃべったものだ。いつも日本語ではいけないと、時には「今から30分英語で話そう」と

始め、「もう少し頑張って続けよう」という具合に延長していっては、英語を使う機会を持つようにもしていた。楽天的な彼女の存在は、初めのうち落ち込む日々が続いた私にとって、大きな助けとなった。私がカナダを離れる日が近付くと、毎日私に付き合ってくれ、「今日はどこ行く？ 何が食べたい？」と、Torontoに思い残す事がないよう、いろんな種類のレストランに連れて行ってくれたり、お土産のための買い物に付き合ってくれたりした。Torontoでのホームステイが今回二回目の彼女は、若いのにしっかりしていて度胸があり、とても頼りになった。ありがとう、Minako。

＜Nao＞

彼女とは二回目のクラスが同じだった。実は彼女もナオミという名前で、混乱を避けるために私がNaomi、彼女がNaoと呼ばれるように決めたのだった。最初の出会いはランチルームで、同じクラスになる前から既に仲良くしていた。彼女は、澄んだ目をして色白でおっとりとしていて、一見おとなしいお嬢さんという印象を受ける。ところが、聞いてみてびっくり。彼女は過去に、たった一人で丸一年かけ、世界を旅して歩いた経験を持っていたのだ。何という勇敢な女の子だろう。私には到底マネできない。今回のToronto滞在は、私と同じ３ヶ月間で、その後あと３ヶ月間、南米を中心にまた一人旅をするということだった。いつも一緒の友人の中で、彼女が私と一番年齢が近かった事もあって、彼女との会話はいつも深い内容だったように思う。同じクラスだった時は、彼女ともカフェで宿題

をしたし、ミュージカルを見に行ったのも彼女とだった。あの日は他にもいろんな事が起こった日で、ミュージカルに大いに感動した後、「今日は心がいっぱい動いた日だね」と言った彼女の言葉が、とても印象に残っている。みんなでアイリッシュダンスのサークルに参加した夜、次なる学校のパーティーへと、ものすごい雷雨の嵐の中を、二人で走ってハシゴした事もあった。周囲の流れに左右されず自分の道をしっかりと歩いていて、いろんな事を抱えていても、いつも強い人だった彼女には、教えられることがたくさんあった。ありがとう、Nao。

< Yoshie >

彼女とは結局、一度も同じクラスになる事はできなかったが、やはり出会いはランチルームで。小柄で美人の彼女は、6ヶ月のToronto滞在後は日本で結婚することが決まっていたので、すでに既婚者の私とは、そっち方面の話をする事が多かった。日本では一人暮しの経験がなかった彼女は、2ヶ月のホームステイ後、ここで一人暮しを初体験する事を決めていた。残る私達は彼女の新居のおかげで、引越しや入居の準備、新生活のための買い物など、楽しい経験を共有させてもらう事ができた。私がカナダを離れる前に行なわれた我が家でのパーティーには、各国の料理を持ち寄ろうということだったので、彼女の家で一緒に料理した。それ以前に、友人達だけで和食パーティーをした時も、彼女と並んで料理をした事があった。彼女も他の友人達と同じくおっとりしたタイプだったが、守ってあげたいと思わされる半面、とてもしっかりした面も持っていて、意識

的に時間をとっては、しっかり勉強していた姿勢は立派だと思う。海外での生活で誘惑の多い中、計画通り、やろうとしていた事を全てやり終えた彼女には、見習うべき点が多かった。ありがとう、Yoshie。

< Miho >

実は彼女Mihoは、Minakoとは高校時代の先輩後輩で、二人はこのTorontoの同じ語学学校で偶然再会を果たした。本当に世界は狭いものだ。他の私達は同じ学期から入学したのだが、彼女だけ1ヶ月遅れでToronto入りしてきた。彼女は私達より上のクラスだったので、同じクラスになる機会はなかった。これまた美人の彼女は、小さい頃から確固たる夢を持っていた。フライトアテンダントになること。そしてその後のことについても、彼女の中には確かな人生設計が用意されていた。彼女こそ、若い若いと思っていたMinakoよりもっと若いのだが、とてもしっかりしていて、私より一回りも下だなんて感じた事は一度もなかった。早口でよくしゃべり、表情がクルクルとよく変わる。その表情の豊かさが印象的だ。日本に多くの外国人の友人を持つという彼女の英語は、発音がとても美しく、すでに充分な流暢さも備えていた。竹を割ったような性格で、物おじせずハッキリと意見を述べられる彼女は、世界中どんな場面でも、自分らしくやっていけるに違いない。どんな事が起こっても、絶対に変わることのない夢に向かって大驀進を続ける彼女を見ていると、こちらまで何か大きな力が湧いてくる気がした。改めて、夢を持つ事の素晴らしさを、彼女を通して知

ることができた。ありがとう、Miho。

< Marcus >

　彼は、私のステイ先で一緒に暮らしたブラジル人だ。同じ屋根の下で暮らしただけに、私にとっては彼が、ラテンの人達の代表のように感じられる。とはいえ、彼はその極端な例であることを、付け加えておきたいのだが。

　彼はとにかく、前へ前へと出る人だ。私とはまったく正反対の性質を持っていた。ひたすら元気で、ビールとダンスをこよなく愛する。そして、情熱的なのもラテンの血のせいかもしれない。実は彼がTorontoに来た時、長年付き合っている彼女がブラジルにいて、四六時中「彼女に会いたい」と言ってはため息をつく、という状態で、すっかりラブシックにかかっていたのだが、ここでの生活に慣れてくると同時に、メキシコ人の新しい彼女を作ってしまったのだ。その新しい恋はあっという間に燃え上がり、彼は早くも、このメキシコ人の彼女との結婚を考えていた…。彼だけではない。彼がステイ先を出た後、私がカナダを離れる二週間前に我が家に来たブラジル人君も当初、一ヶ月のToronto滞在後は、国に帰って彼女にプロポーズすると言っていたのに、韓国人の女の子とすっかりいいムードになって、コッソリ電話番号を交換し合っていたのを見かけた。Marcusは、私達から見るとちょっと変わっていたので、正直、ついて行けないこともあったが、尊敬すべき点も大いにあった。彼は、同じ国出身の友人との会話でも、絶対に母国語のポルトガル語は使わないと決めていた。もし使ったら罰金を

払おうと、仲間内で決めていたらしく、徹底して英語をしゃべっていたのには本当に感心させられた。彼だけでなくラテンの人達に共通して言える事は、とにかく思ったことは何でも発言するということだ。日本人に比べて、彼らは文法の方は苦手な人が多かったので、かなりめちゃくちゃな英語をしゃべる人が多かったかも知れない。しかしMarcusなどはウチでも、とにかく止まることなくしゃべり続けていた。どんな事でも質問する。ただ、人の話を聞かないところもあった…。ホストマザーに質問しておきながら、彼女が必死に答えている最中に何か思い立って、突然席を立つなんて事もあった。「一体誰のために今私は話していたの?」と彼女はポカンとしているし、そんな事がある度に、その場に居合わせた私達はおかしくて笑ってしまう、という具合だった。毎週どこかのパブで行なわれるブラジリアン・ナイトなるパーティーに、何度となく一緒に行こうと誘ってくれたのに、私はそういう騒々しい場所が苦手なので、結局実現しなかった事は申し訳なく思っている。私はよく彼のことを、「He has too much energy.」と称していたが、決してそれを嫌いだったわけではない。一見怖そうに見える彼だが、実は真顔のまま本当によく冗談を言う人なのだ。そんな彼をよく知ってしまうと、その怖い顔さえ見ていて楽しいものとなる。友人との会話でも彼のことはよく話題にのぼり、「おもしろいよね」とみんなで楽しんでいた。彼を取り巻き色々な事が起こる度、血ってこんなに違うものなのかと思い知らされた。彼のおかげで、国民性の違い、面白さを、身をもって体験できたのだった。

15：People

＜ Bok-chull and Byung-ki ＞

　二人は韓国人の男の子だ。始め同じステイ先にいたのがボクチョルで、彼が出た後やってきたのが、彼の友人のビョンギだった。私自身もビョンギの事は、彼が引っ越してくる前から知っていた。ボクチョルに誘われて、数人で一緒に映画を見に行ったことがあったからだ。

　実は私の通った語学学校で、その時期一番多かったのが韓国人だった。先ほども国民性について少し述べたが、私から見る多くの韓国人は、一般的に、とても競争心が強く、とにかく勉強熱心だった。時にそういう性質は、びっくりするほど前面に出てきて驚かされた。月に2回あるテストを受ける度、結果はどうだったかと点数を聞いてきては、自分より点数がよい人を見つけると、いつまでもそれにこだわる子。休日に何も予定がなければ、図書館に缶詰になって勉強する子。自分の思いと違う事を教師が指摘すると、「そんなのはおかしい」と詰め寄り、たとえ自分が間違っていても、いつまでも非を認めない子。今回のテストで良い点が取れないのはわかっているからと、テストをサボってしまう子。それともう一つ。あまり表情が顔に出ない子が多いのにはびっくりした。もちろん、こういうタイプの子ばかりではないことを、もう一度申し上げておく。

　こういった押しの強い子が多かった中で、私の二人のフラットメイト達は、少し異色だったと思う。ボクチョルは、とにかく紳士的だった。彼の顔つきはかなり日本人っぽいので、彼に話しかける時、私は無意識に日本語を使ってしまう事が何度もあった。その度に、「×××（私の言った日本語）って何？」

と、ニヤニヤ笑いながら突っ込まれたものだ。根っから穏やかな性格なのだろう。彼が声を荒げているのを見たことがない。もう少し自分に自信を持てばいいのにと思うことがよくあったが、いつも穏やかな彼と一緒に生活する事は、私にとってもまったく問題なかった。ホストマザーのEileenも、「あの子は本当に紳士だわ」と大絶賛だった。

　ビョンギは、ボクチョルとはまた違ったタイプだった。とにかく明るくて大きな声でよくしゃべり、いつもニコニコしていた。Marcusが一緒だと、ウチはいつもうるさいほど賑やかだった。彼はなかなかスルドイ観察力を持っていたので、ある日私が苦手な生徒の子と同席した時も、双方の事をよく理解した上で、それぞれに合うように接してくれていた。人に優しく周囲に気配りのできる子で、私は何度も助けられた気がする。彼と家にいる時は本当にいろんな話をした。ある日、いつものように彼と話している時、私はひどく感動を覚えた事があった。彼は韓国人で、私は日本人。私は韓国語を話せないし、彼は日本語を話せない。「そんな私達が、こうして会話している。お互いの母国語でない英語を使って！　これって、スゴイ事じゃない？　奇跡みたいな事じゃない！」その奇跡に気付いた時、私の全身に鳥肌が立った。やはり、英語は世界語なのだ。英語を話せるようになって本当によかったと、心から喜びがこみ上げてきた瞬間だった。彼は今でも私を"My sister"と呼び、私も彼を"My brother"と呼ぶ。よい事ばかりではないホームステイでの生活の中で、同じ屋根の下に住む同じ立場の者同士として、私達はお互いのよき理解者だったと言えるだろう。

ここまで、語学学校を通じて知り合った友人達について話してきた。残念な事に、現地の人と友人関係になる機会は、めったに訪れるものではなかった。特に私は一応女なので、いつでも警戒心を持つようにしていた。友人といる時なども、私達日本人に興味を持つのか、いろんな人に声を掛けられることはあった。しかし、それはいつも男性で、相手の目的が怪しまれる限り、やはり警戒心を失うわけにはいかなかったのだ。「外国人の友人を作りたいけど、それって難しいものだね」と、友人とよく話したものだ。そんな中でたった一度だけ、いつもより少し警戒心を解いて、現地の男性とゆっくりおしゃべりする機会を持つことができた事があったので、ここで紹介したい。

< Graham and Martin >

友人のNaoと、お気に入りのアイリッシュパブに行っていた時の事だ。そこはホストマザーのEileenが料理人として時々仕事を頼まれていた店で、お父さんのRonもたびたび訪れるし、客のほとんどが顔見知りという感じの店だった。だからこそ、私達も安心して何度か訪れていた。木目調の店内もイイ雰囲気だったし、週に2回、生でアイリッシュ音楽を演奏していたので、お酒を飲むより音楽を聴きに行くのが目的だった。

その日もいつものように、私達はカウンターの片隅でおしゃべりしていた。そこへバーテンダーのお兄さんが声をかけてきたのだ。

「あっちのお客さんが、何かおごらせてくれって言ってるけ

ど、いい？」

　まったく予期せぬ出来事に、私達は彼の言った事を間違って聞き取ったのかと、顔を見合わせてキョトンとしていたら、後ろから突然二人の男性が現れた。それが Graham と Martin だった。私達と同じカウンターにいた彼らは、長いカウンターの反対側の角から、しばらく私達を見ていたらしい。普通ならそこで、思いっきり警戒心を顔に出して引いてしまうところだが、その日私は、「少し話してもいいかな」と思った。なぜなら、Martin が、最初私達に声をかけたバーテンさんの弟だと知ったから。しかも彼らは二人ではなく、そのバーテンさんのフィアンセも同席していたことで、私は彼らについて少しだけ安心できたのだ。それにここは、Eileen や Ron の庭だ。もちろん私が彼らの家にホームステイしていることも、バーテンさんは知っている。店員の一人と兄弟ということで、彼らの素性も多少なり知れた。「ここで何か問題が起こるような事はないだろう」そう思って、めったに来ないチャンスを生かそうと思ったのだった。

　今考えても、後にも先にも、Toronto 滞在中あの日の私が、一番饒舌だった。Nao がその日、英語を話すには疲れ過ぎていて、「後はまかせた」などと言ってあまりしゃべろうとしないので、必死で彼らの相手をした。英語を使っての会話で、自分が流暢に話していることを自覚できたのは、あの日が初めてだった。これが英語の練習できるチャンスと思っていたし、とにかく彼らは次々と質問を投げかけてくるので、答えるのに忙しかったという事もある。正直言うと、その質問の内容は、あ

まり答えたくないものもあった。「僕らって、ずうずうしい？」と何度となく確認しながらも、「今まで本気で好きになった人は何人？」など、かなり個人的な事を聞いてくる。私が既婚者である事を最初に言わなかった事で、だんだん嘘をつかなければならない方向に話が及んでしまって困った。「ボーイフレンドはいるの？」とか、「日本では一人暮し？」とか、「最後の人と別れたのはいつ？」とか言われても、そこまでの流れで、今さら「ダンナさんと住んでます」とは言えなかった。Naoに、「どうしよう？」と聞くと、「テキトウに言っておけばいいよ」と言う。「そりゃそうだ。どうせもう二度と会うことのない人達なんだし」と割り切り、その日は独身の気分で会話を楽しんだのだった。

「僕らは今から個人的な質問をするけど、その後で君達もどんな事を聞いてくれてもいいよ。ちゃんと答えるからね」
ということで始まったこの質問攻撃、彼らいわく、「こういうことを質問しあってお互いを知り合うのが、カナダ式なんだよ」ということらしい。Martinはアイルランド人でGrahamはカナダ人だと言っていたが、私達には彼らが典型的なカナダ人なのかどうか、本当にカナダの人はこういうやり方で人と知り合っていくのかどうかはわからない。出会った場所がパブだったし、私達にはわからないと思って、ただからかわれていただけかもしれない。後に帰国してから、こんな事があったとオーストラリア人の英会話講師に伝えると、「それは相当失礼なヤツだ。僕は決してそんな質問はしないよ」と言われた。確かに彼の言う通りだろう。しかし、あの時彼らが本気で私達の事を知

りたがっていたのも確かだ。私達の"人となり"を、必死になって探っていたように受け止めた。私の英語の練習になったのも確かだし、ここは彼らの無礼も許してやるか、という思いでいる。

　日本料理が大好きだと言う彼らは、時々私達に日本語を話してもよいという時間をくれた。「君達、英語ばかりでしゃべるのは疲れるだろう？　ボクらだけ母国語でしゃべっているのはフェアーじゃないし、今から３分間、日本語タイムにしよう」と切り出し、私達が日本語を話す間、彼らも日本語を使うと言う。そして私達が日本語を話し始めると、耳に入って来たその内容は、「スシ」「テンプラ」「エビ！」「イカ！」…などと、知っている日本語をお互いに並べ立てているだけ！　それがあまりにもおかしくて、結局私達の方は自分達の会話には日本語タイムを有効に使えなかったのだった…。

　確かにあれは、私にとって貴重な時間だった。内容はどうあれ、ああいう機会を持てた事を心からよかったと思うのだ。その夜は、アイリッシュパブから素敵なレストランバーに場所を移してまでもずいぶん長くおしゃべりした。また会おうと誘われはしたが、断った。結局私は結婚している事を言わないままだったし、カナダを離れる日も残り一ヶ月を切っていたから、今さら、という気がした。外で会うのはちょっと怖かったし、残り少ない貴重な時間を、他の友人達と過ごす方を選びたかった。ちなみに、Martinは２０代後半のアーティスト、Grahamは年齢不詳だが、おそらく４０前後だろう、精神分析医だと言っていた。おしゃべりは本当に楽しくて、イイ人そ

うだったが、二人ともちょっと変わったタイプだったので、たぶんそれ以上付き合うと、私達の手には負えなくなったことだろう。ともあれ、二人のおかげでよい思い出ができたことは間違いない。もう二度と会うことはないだろうが、二人には感謝している。

　人との出会いは素晴らしい。私達の人生においての、一番の財産と言えるのではないだろうか。英語のおかげで、私はこうして多くの国際人達と会話を楽しむ事もできるようになった。人との出会いによって、私達は大きく成長できるのではないかと思う。私は本当に幸せだ。この幸せに、心から感謝する。

Just One Word *5 —— pronunciation

　語学学校で会った生徒達は、英語の勉強をするために外国からやって来ていたわけだが、日本人だけではなく、みんなそれぞれに苦手な発音があったのは興味深かった。

　前にも述べたが、日本人は"th"や"LとR"などの発音を苦手とする。実はこれ、韓国人やブラジル人の彼らにも難しいものだったのだ。特にブラジル人には、"R"が厳しかったらしい。ポルトガル語を話す彼らは、"R"は息を抜くような音で発音する。母国語でも同じアルファベットを使う彼らにとって、普段の癖から抜け出すのはかなり大変だったようだ。"ch"は"チ"の音でなく、"シ"で発音する。例えば"China"が、「チャイナ」ではなく「シナ」になるという具合だ。始め彼らの発音の癖を知らない時、何を言っているのか見当がつかず、お互いに探り合いの状態だった。

　韓国人には"f"が難しかったらしい。"p"の音になってしまうのだ。例えば"coffee"は「コフィー」ではなく「コピー」になる。ザジズゼゾの音も苦手なようだった。「エクスキューズミー」は「エクスキュージュミー」、「フォーイグザンプル」は「フォーイグジャンプル」になる。冗談じゃなく、ひどい子は「ポーイグジャンプル」になるのだ。

　このように、語学学校に来る生徒たちの英語は、ほとんどがキツイ癖を持っているので、教師達はその全てを聞き分けるのが大変だと思う。もちろん教師だけでなく、ホームステイ先で

Just One Word *5 —— pronunciation

も、町の中でも、聞く方は大変に違いない。そう言えば、学校でこんな事があった。

　ものをハッキリ言うある韓国人の女の子が、クラスメイトのコロンビア人の男の子に、面と向かって「キミの発音おかしいよ」と言った。そう言う女の子の方も、発音には特別ひどい癖のある子なので、「あんたの方がおかしいじゃん」と言い返されてしまった。その日から、彼らの間には火花が散り始め、しばらく険悪なムードは続き、ちょっとしたきっかけで売り言葉に買い言葉の言い合いに発展する、という時期があったのだ。

　発音の良し悪しを、ネイティブではない私達が判断するのもどうかと思うが、いろんな英語に触れることで、自分の弱点を発見することもできる。相手がネイティブでなくても、会話の内容だけでなく、相手の発音に耳を澄ますこと。それもよい勉強になるだろう。これから英語の勉強を始める人も、今勉強している人も、きれいな発音を目指して決して妥協せず、終わりなき語学の道を歩いて行って欲しい。

16 : The end of it

　とりあえずは充分だと思えた３ヶ月の滞在は、予想をはるかに上回る勢いで、あっという間に終わりを迎えることになってしまった。始めの１ヶ月は自分の居場所を見つけられず苦しんだままに過ぎていったので、本当に生活を楽しめたのは残る２ヶ月。しかも、実際には学校の３学期間に当たる１２週間でしかなかったので、正確には３ヶ月に１週間満たない期間だった。友人のうち、Naoは私と同じ日にTorontoを離れる事になっていたが、MinakoとMihoは１年、Yoshieは６ヶ月の滞在予定なので、私達だけ先にここを去る事になる。この後さらに旅を続けるNaoとは違って、私はどこにも寄り道せず真っ直ぐ日本に向かうわけで、ここでできた素晴らしい友人達と離れ、一人先に日常に戻るのかと思うと、寂しくて仕方がなかった。しかし、私はビザを取らずに出国できる"観光目的"ということで来ていたし、無情にも、学校から紹介されたホームステイ先は、学校終了の翌日には出なければならなかった。それは初めからわかっていたので、留学斡旋会社によって用意された帰りのチケットは、１日の猶予もなく、その日の午前便のものだった。最初に書いた通り、私の出発時期が春休みと重なったため、オープンチケットが取れなかったせいで、出発前から、帰りの日にちも決定しなければならなかったのだ。どちらにしろビザなしの私には、最大限滞在を延長できても後１週間しかなかったのだが、チケットの変更はできないものか

と航空会社を訪ねてみた。結果は、変更不可能。他の子より多く払った私のチケットでも、正規の金額よりは安く購入しているということで、変更は利かないのだということだった。友人達も協力してくれて、結局3回、別の場所で聞いてみたが、ダメだった。ただ、最後に訪れた所は良心的だったので、無理に変えてもらえそうな雰囲気もあったのだが、私の乗る予定の便が、エアカナダと全日空の共同運行便で、しかも私が全日空側でチケットを購入していたため、エアカナダでは何もできないということだった。できる限りの事はしたと思えたし、どちらにしろ日本には帰らなければならない。私はチケットの変更をあきらめた。

　残り2週間程度になって急にあわただしくなってしまった。家族へのお土産もまだほとんど買っていなかったし、増えてしまった荷物を送り返す準備もまだだった。写真を撮るのが好きなのに、実際にはまだまだ、撮りたい場所を撮りきれていなかった。一人で歩いている時にカメラを構えて、いかにも観光客という姿を見せるのも、危険な目に遭うことに繋がるかもしれないと思い、最小限にとどめていたからだ。大好きなGreek Town界隈も、まだ撮影していなかった。今度はいつ来ることができるのかわからないのだ。できる限り悔いの残らないように、やり残しているそれらを急に始めることになる。鮮明に記憶の中に残しておきたい場所を撮影して歩いたり、友人とは毎日、行っておきたいレストランに足を運んだり、土産を探してショッピングモールのハシゴをしたり、とにかくバタバタと休む暇もなく過ごした2週間だった。

帰国の日を間近に控え、私には気になっていたことがあった。それは、ホストファーザーのRonのことだ。実は、かねてから病気療養中だった彼のお母さんが、あまりよくないということで、5月の終わり頃、Ronは母国アイルランドに帰国していた。結局お母さんは、まるでRonの帰りを待っていたかのように、彼の到着後数日で息を引き取られたそうだ。Ron自身あまり体調がよくないので、ゆっくりしてからTorontoへ戻ってくるということになり、私の帰国の日に間に合わない可能性が出てきたのだ。もちろん私としては、ここを去る前にRonに会っておきたかったが、私のせいで帰国を早めるような事はして欲しくなかったので、彼の帰りをただ待つしかなかった。

　そんな中、ホストマザーEileenの提案で、ウチでパーティーをしようという話になった。私のフェアウェルパーティーだから、友達を誘いなさいと言ってくれた。この時すでにMarcusはこの家を出た後だったが、彼がまだいた時から、各国の料理を作ってパーティーをしようという話をしていながら実現できずにいたので、Marcusとビョンギ、そして二人の友人達も呼んでの、大パーティーになった。あの小さな家に、30人近い人数が集まったのだ。外で食事をするのによい気候にもなっていたし、RonとEileenがこの夏のために揃えたバーベキューセットやテーブルセットもあったし、少しライトアップして明るくした裏庭で、パーティーは始まった。ところが、すぐに雲行きは怪しくなり、突然雷を伴った激しい夕立になってしまった。みんなで慌てて料理を部屋に運び込み、慌しくパ

16：The end of it

ーティーが再開されるという一幕もあった。まったく今回の滞在では、本当に何度天気に泣かされた事か…。まあそれも想い出の一つとして、私の記憶にしっかりと刻み付けられているのだから、言うほど悪くはなかったのかも知れない。さて、このパーティー、私のためのパーティーなのだから何か一言挨拶を、とブラジル人の男の子達に言われたのだが、とても無理そうだったので勘弁してもらった。その頃の私は、とにかく帰りたくなくて、Torontoを、そして友人達と離れるのが嫌で嫌で、すぐに涙が出てくるような状態が続いていた。いつものように友人とおしゃべりしていても、ちょっとしたことで無性に寂しくなって、涙があふれることが多々あったのだ。挨拶なんてとんでもなかった。ひたすら陽気なブラジル人の彼らは、私がそんな状態だった事に気付いてなかったようだが、日本人の友人達は、私が泣きそうになっていたことをわかっていてくれたようだった。大騒ぎするラテンの子達あり、ソファでしんみりおしゃべりする私達日本人あり…。とにかく私には、いや、私だけでなくみんなにとって、とても楽しく思い出深い夜となったのは間違いない。こういう場を提供してくれたEileenには、本当に感謝している。Ronがいなかったのがとても残念だった。

　Ronといえば、この滞在中、私にとって印象に残る出来事が二つあった。一つは、Ronの誕生日パーティーだ。Eileenがコッソリ企画して、彼の友人達を招待し、いつものアイリッシュパブで行なわれた。別に貸切ではなかったし、その日一緒にいたNaoも誘って、私達も参加した。子供のパーティーではないし、ひどく賑やかだったわけではないが、それはとって

も家族的でいいパーティーだった。多くの友人に囲まれて、Ron がとても幸せそうな笑顔をしていたのが、印象に残った。

　もう一つは、停電があった夜のこと。彼らいわく、ここ数年起こってなかったという停電が起きたのは、私にとって学校での初めての中間テストを翌日に控えた夜だった。しかもそれは、2時間以上も続いたのだ。夕食後それは起こり、珍しく全員揃っていたその日、たくさんのキャンドルを灯した中、私としてはほんの少しだけテスト勉強を試みていた。しかし、まるで身には入らずあきらめかけた頃、Ron が、歌を歌おうと提案した。しかも、それぞれの国歌を歌おうと言うのだ。正直に話そう。私はそれまで日本の国歌が嫌いだった。オリンピックの表彰式などで流れるそれは、他の国のものに比べて果てしなく暗く、カッコよくないと思っていた。それを Ron に伝えると、とにかく歌ってみてくれと言う。恥ずかしかった事この上なかったが、とりあえず歌ってみた。キャンドルの明かりだけの、どこか幻想的な雰囲気の中、静かな夜に私の声が響いていた。歌いながら私は思ったのだ。なんて綺麗なメロディーなのだろう、と。それは、日本に昔からある、ゆったりとした流れの唱歌と同じ、美しい響きだったのだ。私の歌が上手だったというわけではない。しかし、恥ずかしながら白状すると、私はその時自分の歌にちょっと感動していた。おそらくそれは、その時の雰囲気が大いに助けてくれたのだと思われるが、歌い終わるとすぐにしみじみと言ってくれた「Beautiful！」という Ron の言葉に、証明されたのだった。日本の国歌も捨てたもんじゃない。私はあの夜以来、"君が代" を好きになっている。

16：The end of it

　私の後、ボクチョルの韓国国歌、Marcusのブラジル国歌、そしてRonのアイルランド国歌と、私達は順番に、みんなで国歌を披露したのだった。そこにいる全員がよそから来た者だったので、誰もカナダ国歌を披露してくれなかったのは残念だったが、それぞれの母国への愛情を感じられ、何か神聖な気持ちにさせられた。めったに起きない停電を経験できたことも含め、いい夜を過ごせたと深く印象に残っている。忘れることのできない私の大切な想い出となるだろう。

　ここを拠点に展開された私のToronto生活も、とうとう終わりを迎えることとなってしまった。良いことも悪い事も、全てが私には宝物だ。離れたくなかった。どうしてもっと滞在期間を長くしなかったのか、悔やまれてならなかった。そして同時に、日本にいる多くの大切な人達のことも、もちろん頭をかすめた。後ろ髪を引かれる思いだったが、今回はどうしても帰国しなければならない。日本をたつ前に決めた通り道理を通そうと、心を決めた。

　私がTorontoを去る前日、Ronがアイルランドから帰って来た。元気そうだったし、会うことができて本当によかったと思う。当日は、前日に終えて頂いたばかりの語学学校の修了証もカバンに詰め、早朝6時半、家を出発することになった。Ronが予約してくれたリムジンが予定通り迎えに来た。ちなみにこのリムジン、この家の斜め向かいにある家の前にいつも停めてあって、私の中では見慣れた景色の一つとなっていたのだが、まさか最後に自分が乗る事になるとは思いもせず、これが私を迎えに来てくれたのかと思うと、ちょっと不思議な気分

で感慨も深かった。いよいよ別れの時、できるだけ涙は流さないつもりだったが、やはりそれは無理というもので、二人と抱き合って別れを惜しんだ。お礼と、もう一つ私が彼らに告げたのは、「ごめんなさい。もっとたくさんおしゃべりするべきだったと思います。英語を勉強しに来たのに、私は内気過ぎました…」という言葉だった。別れの寂しさと、自分に対しての悔しい思いに、涙があふれた。しかし、そんな私に彼らが言ってくれたのは、「ナオミ、私達がどこにいるのか、もう知っているだろう？ キミは必ず帰ってくるね」という言葉。心からうれしかった。その上Ronは去り際の私に、アイルランドからの土産だと言って、銀のブローチを手渡してくれた。何かを象徴しているような形をしていたので、これには意味があるのかと聞くと、アイルランドを含むケルトの出身であることを示すものだということだった。彼らはいつでもここにいる。私にも、ここTorontoに、家族ができた事を確認できた気がした。こうして慌しくもステイ先を後にし、空港まで来てくれた3人の友人達に見送られ、これが私のToronto最後の日となったのだった。

このように、書く事によって、記憶の隅に追いやられ始めていたたくさんの思い出が、次々に蘇ってきた。どんな小さなエピソードも、私にとってはビッグイベントだった。そして改めて思ったのが、私が暮らしたのはカナダだったのだ、ということ。ここで語ってきた人々のほとんどが、どこかよその土地から来た人だったし、ここで食べた物も、世界のどこかから移ってきた食文化からなっていた。私の経験を知って、「一体どこ

16：The end of it

　に行って来たの？」と、不信感を示す人もいるかもしれない。カナダにいたとは思えないと。しかし、だからこそ、そこは間違いなくカナダだったのだ。世界中の人が集まり、世界の文化を体感できる場所。出会った人達がカナダ人ばかりじゃなくても、町行く人達が違う民族ばかりでも、それでもカナダなのだ。「ここに来た人は皆、もうカナダ人だ」と誰かが言っていた。全てを許し、優しく受け入れる寛大さこそ、カナダがカナダらしくある姿だと私は確信する。カナダを選んでよかった。Torontoに暮らすことができて、本当によかった。
　ここは、新しい私の出発点。私のもう一つの故郷。
ありがとう、Toronto。
ありがとう、カナダ。

週に1回通った
コインランドリー。
無料で洗剤を分けてくれた。
とてもクリーンで明るい店内。

私は、1回につき3度リンスしてくれるという
小型洗たく機を使用していた。
1回2カナダドル。

ステイ先のもよりの駅 Broadview の目の前に並ぶ店たち。
なぜか目を引かれながら、よく見ると絵になる風景。
実際にはもう少しスケタ感じ…かな？

なんとなく、外国のにおいがする気がした。

17 : Dream

　私にとってあの３ヶ月は特別なものだ。もちろん、決して よい事ばかりではなかった。英語が通じなくて、果てしなく落 ち込んだ事もあった。勇気がなくて、英語を使う機会を無駄に したこともあった。ＴＴＣの職員はみんな態度が悪くて、腹が 立つ事も多々あった。世界的有名ハンバーガーショップでは、 店員の馬鹿にしたような冷たい態度に遭った。ホストファミリ ーとお出かけする機会をたくさん持てると思っていたのに、そ ういうこともまったくなかったし、貴重な体験ではあったが、 他人との生活で心からリラックスできる時間はほとんど得られ なかった。正直言うと、結婚している事が足かせになっている と感じたこともあった。どこかで「若い子達と同じようにハメ をはずす事はできない」と思っていたし、こんなに素晴らしい 環境の中で、自由に恋愛している友人達をうらやましく思った こともあった。何より自分自身が心に決めていたほど、英語を 話す事に関しては、努力が足りなかっただろうことが腹立たし い。付け加えておくと、よい事ばかりではなかったと思ってい るのは、私だけではない。中には、Torontoでの生活が肌に 合わず、できるだけ早く母国に帰りたいと考えている子もいた し、Torontoが、誰にとっても居心地のよい場所というわけ ではないだろう。私もまだそこで、本当の厳しい冬を経験して いない。たったの３ヶ月では、Torontoの全てを知り尽くす 事などできないのだ。しかし、これだけは言える。つらい事も

苦しい事もあったが、必要以上に力んでいた自分を楽にしてやる事ができると、とたんに、Torontoは私に優しく、心地よい場所となったのだと。Toronto自身が私には特別で、そこで起きた出来事、出会った人々、私を取り巻いた全てが、間違いなく私に大きな影響を与えてくれた。初めての海外長期滞在を体験できたことで、世界にはこんな場所もあることを知った。

　私にとっては、本当に夢のような生活だった。少し旅行しただけでは知り得ない、日本とはまったく違う生活。それは自由で、ゆとりがあり、個人が自分の責任において、それぞれの選んだ道をしっかりと歩いている所だった。肩肘張って生きる必要などない。ただ、自分の目標に向かって歩くだけ。間違っていると気付いたら、歩いて行く方向を訂正するだけ。新しい目標を見つけたら、向かって行く先が変わるだけ。人は人、自分は自分。街そのものが、いや、きっと国そのものがそういう空気を持っていて、みんなが自然にそれを受け入れているのが実に気持ちいいのだ。こんな基本的な事が、なぜ日本では難しいのだろう。では、一体何が日本とそんなに違っていたのかといえば、ほとんど違っていなかったのかもしれない。そう、ただTorontoが私には新しい場所で、その生活が新鮮に映っただけかも知れないのだ。それでも、それまで作り上げてきた自分を日本に置いてきた私は、ここで、その自由な空気の中に暮らす人々と肩を並べ、彼らと同じように心にゆとりを持ち、確かに、真っさらな自分を見つめ直すことができたと思う。そういう時間さえ、とても貴重なものとなった。

　いろいろと考えてみると、Torontoに来るまで、自分らし

く生きていなかった自分が、やはり間違っていたように思えてならなかった。周囲にまで気を使いすぎたため、自分を押し殺すようなことになってしまっていた。どんなに恵まれた環境にいようとも、自分らしくいられないとしたら、どうやって幸せを感じられるのだろう。何かが間違っていたと気付いてしまったのなら、軌道修正すべきではないのだろうか。他人がどう思おうと、これは私の人生だ。自分自身を信じてやれなくて、誰が私を支えていくというのだろう。どんな道を選んだって、どんなところにも危険は転がっている。突然命を失うことだってあり得るのだ。人ごとではない。だからこそ、明日死んでも後悔のない生き方をしたいと思う。自分の納得する道を歩いて行きたい。誰のためでもなく、自分のために。こんな私の考えを、「それはおかしい。間違っている。勝手過ぎる。わがままだ」と考える人もいるに違いない。それでもよいのだ。これが私なのだから。私はいつでも遅いのだ。気付くのが遅い。それでも気付いたのなら、見ないふりなどせず、勇気を出して一歩前に足を踏み出したい。例えそれが遅咲きでも、花は咲かせてやりたいではないか。自分の周りに起こる出来事は全て、起こる必要があったのだ。これまでの道を振り返ってみる時、どんなに小さな事でも、自分に必要でなかった事など起こってないことに気付かされる。無駄な事は決して起こらない。英語を始めるのももっと早ければ、よりよかったのかもしれない。でも、あの時始めたからこそ出会えた多くの人達、この歳になってだったからこそ解る、多くの状況や感情がある。Torontoに行ったのも、私がもっと若ければ、もっと違う楽しみ方ができたか

もしれない。でも、今だったからこそできたモノの見方で、その生活を楽しめたに違いないのだ。

　当初の目標"流暢な英語"を、果たして手に入れることができたかと言えば、期待していたほどのものにはならなかった。それは何度も述べた通り、私の努力不足のせいだ。まだ現地にいる時、「自分の英語力は、落ちてはいないがさほど変化はない」と思っていた。初志貫徹できなかった自分を、本当に情けなくも思った。ところがそんな私でも、帰国後初めて英会話スクールに行った時には、他の生徒さん達の英語がものすごくゆっくりに聞こえ、自分が明らかに渡航前より早くしゃべれるようになっている事に気付かされたのだ。もちろん、まだまだ充分ではない。上手な人に比べれば、私の英語なんて足元にも及ばない。何も考えなくても言葉が溢れ出してくる、というようなところに到達するには、まだまだ先は長いだろう。しかし、少なくとも、自分でも気付けるほどの変化はあったという事が、素晴らしいと思いたいではないか。しかも、講師達も言ってくれたのだ。「以前とは全然違うよ。自信を持って話せるようになったね」と。大げさに誉めてくれているのかもしれない。自分では、本当はそれほど自信があるわけでもなかった。それでも、みんながそう言ってくれると、素直にうれしかった。Torontoの生活で気負いがなくなったことと、お互いにたどたどしいながらも、英語でしかおしゃべりできなかったフラットメイトを始めとする友人達のおかげで、英語を話すことに関しても、肩の力が抜けたようだった。英語だけの環境に身を置く事がどれだけ大きな力を持っているのか、まさに身をもって

17：Dream

体験していたのだ。
　それにしても、ほんの短期間のうちに、ずいぶんと色々な事が起こったものだ。英語を始めただけでは、ここまでの事は起こらなかっただろう。1年前には、海外生活を体験する自分など想像さえもしていなかったのだ。私は晩成型なのかもしれない。若い頃はつまらない学生生活を送り、大きな夢も持たないままここまで来た私が、今やっと、やりたい事を見つけられるところにまで至った。"もう若くない"なんてことは、決してない。今これを書いている私は32歳だが、大人になってからは、まだほんの10年余りしか経っていないではないか。順調に行けば、あと40年は生きていけるはず。夢に向かって行くには充分過ぎる時間を持っているのだ。やりたい事はたくさんある。焦らずじっくり考えながら、少しずつ前に進みたい。やりたい事を一つずつこなしていけたら、どんなにいいだろう。多くの出会いのおかげでできたたくさんの夢を、大切に暖めていきたい。
　まず、海外での日本語教師。今回は語学留学することに決めたが、やはり一度は日本語教師もやってみたい。そもそもこの滞在を「下見のつもりで」とも思っていたのだから、今回の生活は成功に終わったと言えるだろう。苦しい時期があったにしても、最終的に、私は海外生活に順応できたと思っている。違う環境の中で、日本の美しさも改めて発見した。多くの雑貨屋さんで、美しい和食器や小物を見ることができた。クレジットカードのサインを見ては、誰もが「Beautiful」と賞賛してくれた。友人達の名前を日本語で書いてあげると、みんな揃って

大喜びだった。彼らにとって、おそらくただの記号か何かにしか見えないだろう日本語は、見るに美しいものらしい。そして、その響きの美しさに魅了され、本気で日本語の勉強を始めたオランダ人の子もいた。日本語教師は、母国の美を伝えていける仕事だと思う。近い将来、必ず実現したい私の夢だ。

　次に、児童文学の翻訳。昔から、特に大人になってから絵本を始めとする児童文学が好きで、その挿絵の美しさや簡潔な文章の中に込められたメッセージの深さに、感銘を受けている。自分の英語力強化のためもあって、英語で書かれた児童書を読むようになったのは最近の事だ。子供の本とはいえ英語で書かれていると、私にとっては決して簡単ではない。私の英語力ではまだまだ難しい分野だが、いつか自分の足で世界を旅して、自分で良い本を探し出し、それを翻訳できるようになれたらどんなに素晴らしいだろう。実はこれが一番実現の難しい夢だと思うが、「いつかは…」、そう思って、この大きな夢の実現に希望を失わずにいたい。

　そして、今こうして文章を書いている。もともと書く事が好きな私は、数年前から「自分の本を書けたらいいのに」と、ボンヤリと思っていたのだが、その思いが英語を始めてから強くなっていった。できればいろんな場所を旅して、自分の目を通して見た世界を形に残していけたらどんなに素晴らしいだろう。世界にあふれる美しい場所、人、物を、この目で見届けたい。今は多少なりとも英語ができる。旅をするのに困る事はない。文章も書きたい。絵も描きたい。写真も撮りたい。私の好きなことを全て形にできるのが、本を作る事ではないかと気付

いた。もちろんこれも、仕事にするのは大変な事だろう。そう思って、正直なところ、実現はずっと先のことだと思っていた。実は私、Torontoから帰ってきて以来、ずいぶん長い間無気力感に襲われていた。何ヶ月もだ。他の世界を知ってしまった後でも、日本に帰ってくると私はただの主婦で、英語に触れる機会のない、ごく普通の平凡な生活。ただ毎日パートの仕事に出かけ、家では家事をして、のん気に一日を消化しているだけのようで、自分に苛立っていた。決して、普通の主婦がいけないと言うわけではない。そもそも"普通"の定義なんて、個人の価値観によるものだ。自分が満足しているなら、それこそがその人にとっての、最高の人生に違いない。しかし、人から見れば幸せに見えるだろう私の生活も、自身にとっては何かが足りなかったのだ。

　私が今一番にするべき事が見えない。Torontoは私にとってあまりに大きすぎて、私はそこでやり残したことを、今でもたくさん抱えているように思えてならなかった。3ヶ月は短すぎた。それまでの自分を振り返る事はできたが、この先の自分の姿を見つけるには、それだけの時間は充分ではなかった。今この日本にいるのは、心がTorontoに置き去りにされたままの、空っぽの私だった。計画の段階からいろんな思いを抱え、苦しみながらも実現できた海外生活。私のやった事をうらやむ人は周囲にも多い。誰の目から見ても、私には恵まれた環境があり、何の苦労もなく好きな事をやっているようにしか見えないだろう。しかし、人には決してわからない自分の心の内を知っている私自身は、「よくやった」と、自分に言ってやりたい。

本当に悩んで、本当に苦しんだのだから。決して能天気にこんな事をやってのけたわけではないのだから。実行前も、実行中も、私なりに一生懸命やったつもりだ。反省点もあるが、最後までやり遂げる事は出来た。よくやったよな、としみじみ思うのだ。しかし、どこかで達成感が満たされていない自分がいることにも気付いていた。それと同時に、ただ空っぽの毎日が過ぎて行く私の生活を、何とかしなければならない、と考え始めたのだ。

　そこで、帰国後２ヶ月ほど経って思い付いたのが、本を書く事だった。人に見せる文章なんて書いたことはない。書き方もわからない。最後まで書けるかどうかもわからない。でも、すでに２ヶ月を無駄に過ごしている自分には、何かを始める事が必要だった。確かなハッキリしている夢を実現すること。何か一つでも、夢の実現に向かって一歩前に足を踏み出したい。そのために、何かを始めたかった。慣れない初めての作業で思うように筆は進まない。書ける時はスラスラと書けるのに、書けない時はまったくダメで、パソコンを開く気にもなれなかった。途中、一体自分は何を書きたいのかがわからなくなった事もある。それでもこうしてここまで書き進める事が出来た。ブランクも相当長かったが、私がカナダに旅立ってから１年になる今、ようやくこの作業にも終わりが見えつつある。

　叶わない夢なんてないと信じたい。信じていれば必ず実現できると思いたい。夢はあきらめたくない。夢を持つ事が、そしてそれに向かって進んで行く事が、私達に生きる力を与えてくれると思うから。

17：Dream

　私の夢はここに書いただけではない。まだまだたくさんあるのだ。そこに到達するにはどうしてもお金が必要だと言うなら、そのために働いてお金を貯めるだけの時期があっても良いのではないだろうか。私は、自分の英語を完璧に近付けるためと、再び世界をこの目で見るために、またどこかの国で生活してみたい。今すぐにでも実行したいのは山々だが、今はただ働く事を決めた。ワーキングホリデー制度を利用できるのは、年齢制限の設定が高い国でも、30歳までだ。私の年齢ではすでに使えない。労働ビザの取得が難しい今、そんな私にとって、いきなり海外に行って現地で働き生活費を稼ぐという事は簡単ではないから、国内で資金を貯めてから渡航するしかないのだ。表面上今の私は、"ただ金を稼いでいる"だけだ。しかし、平凡な生活に追われる日々でさえ、今は心が満たされているのを感じられる。しっかりとした目標があるのだから。正直なところ、今は英語の勉強をする時間も充分に持てないほど毎日働いている。体にとってはちょっと無理をしすぎているようで、一日のうちのほんの少しの自由な時間で勉強する気分にはなれないのが現実だ。それでも、帰国後無駄に過ごした空白の時間が長すぎた分だけ、次の段階に向かっている今の自分を（英語から少し遠ざかっているにしても）ちょっと頼もしくも思えるのだ。もっと英語に触れる生活をしたいのが本音だが、あれもこれもと欲張ると、それこそ体が持たない。今は働く事に重点を置く時。その後は勉強する期間を持とう。メリハリを付けて気分もリフレッシュしながら自分で選んだ道を歩いている実感が、ますます私を元気にしてくれているような今日この頃だ。

そして今思う。Torontoにも帰りたいと。できるならもう一度そこに暮らし、確かな何かを見つけたい。世界中に行きたい所はたくさんある。それでもまだ、私はカナダにこだわりたい。広大な国で、大きな心を持って、世界中からやってくる人々を受け入れてくれるカナダ。誰もが心地よく暮らすこの国で、いつかまた、今度こそ満足するまで暮らしてみたい。そこからまた何かが始まるはず。そう信じている。私には、Torontoに戻ることなしには、次への大きな一歩を踏み出せない気がしてならないのだ。気持ちがそこに残っている以上、その気持ちを取り戻しに行かなければならない。短期間でもいい。あの時のゆとりある気持ちを、あの空気の中でもう一度思い出したい。自分に責任を持って、やり終えたと思えるまで、気の済むまで、やらせてやりたいのだ。Torontoを出発点に、また別の道を見つけられるかもしれない。もしかしたら、Torontoから飛び出し、Torontoよりもっと私にピッタリな場所を見つけられるのかもしれない。カナダにこだわりつつも、柔軟な姿勢で未来に立ち向かって行きたい。しかし、Torontoは確かに私をリフレッシュしてくれた場所。地球の裏側にある、私の第二のふるさと。いつでも私を迎えてくれる家族がいる場所なのだ。私のカナダへのこだわりは、故郷を思う心と似ているのかもしれない。

　ずっと先だなんて思わず、Torontoでの生活を振り返る意味も込めて、とりあえず文章を書いてみようとここまできた。夢は自分の手でつかむしかない。チャンスは自分で作るしかないのだ。まずは口だけでなく行動しようと、ここまで来てしま

17：Dream

ったのだ。"フツーの主婦"の枠に収まりきらない自分に気付いた以上、無理に押さえ込んでしまう事はしたくない。誰のためでもない、私の人生なのだから。私のやってきた事など、人から見ればたいした事はないのかもしれない。しかしそれまではただ主婦をやってきただけの私にとっては、それこそ地球がひっくり返るほどの出来事であり、まだまだ多くの日本人が苦手とする"英語"が基盤になってここまできた。語学の道は本当に険しい。これで終わりではなく、この先もずっと続いていく私の最大の目標が英語の修得だ。小さな一歩から始まったことから、こうして世界に向けて飛び出した私。この私の体験が、何かを悩んだり躊躇したりしている人達の背中をちょっと押してあげる材料になればと思う。年齢や既婚未婚など関係なく、新しい事を始めるのは今からでも遅くないことを、一人でも多くの人に伝えたい。夢があるなら、言い訳ばかりを考えてあきらめたりなどせず、勇気を出してその一歩を踏み出して欲しいのだ。目標があるなら、向かって行くしかないのだと信じるから。

　しかし、人にはそう言いながら、実際には面倒な事がイロイロとあるもので、分かっていながらもまだ周囲を気にして二の足を踏んでいる私がいるのも事実。これを書き上げたら、もう迷いは捨てたい。そう思ってここまで来たのだから。私は気付いてしまったのだ。背中に羽根があることに。それに気付いたのなら、勇気を持って次の一歩を踏み出すのみ。自分に嘘をつかず生きていくため、自分が輝き続けるため、今こそ私は、私だけは、私を許してやりたい。

「私だってまだまだ飛べるよ。
小さく収まってるなんてもったいないじゃん。
こんなに羽ばたきたいんだから、信じた通り、飛び立ってみようよ。
もっともっと大きな自分になるために。
もっともっともっと、カッコよく私らしく生きていくために。
Torontoにも帰ろうね。
もう一度あそこから始めよう。
世界に羽ばたくための片方の羽根は"英語"、もう片方は"勇気"。
　その両方が揃ったら、今こそ、さあ！」

Thanks

たくさんの悩みを聞いて励ましてくれた友人に…ありがとう。
広い世界の素晴らしさを教えてくれた友人に…ありがとう。
貴重なアドバイスをしてくれた友人に…ありがとう。
カナダに行きたい私を許してくれた家族に…ありがとう。

不安な私に勇気をくれた友人に…ありがとう。
家族のように接してくれたホストファミリーに…ありがとう。
電話やEメール、手紙などで、連絡を取り続けてくれたみんなに…ありがとう。
私が帰ってくるのを心待ちにしてくれていた友人に…ありがとう。

私が信念を貫くため、自分の夢を実現するため、あなた達みんなの力が必要でした。
あなた達みんなの存在そのものが、大きな助けとなりました。
心から感謝しています。
本当に、ありがとうございました。

I needed your help to live up to my belief.
I appreciate you have always been just beside me,
and made me become brave enough
to fight for my dream.

Thank you so much, all of my friends !
I love you !!!

                                                          Naomi

Thank you! I love you all !!!

P.S.〈あとがきにかえて〉

カナダに興味のある人。カナダを懐かしみたい人。
Toronto に関する本を探している人。

英語を勉強している人。留学を考えている人。
ホームステイに興味がある人。

結婚している人。結婚がゴールだと思っている人。
世間を気にしすぎる人。

夢に向かって歩いている人。
本当は別にやりたいことのある人。
退屈している人。忙しすぎる人。

そんな人達に読んで頂けたら幸いです。

フツーの主婦でも、ここまでやれます。
30過ぎて、今ごろやっと、自分の人生を歩き始めたのです。
あきらめるのは、まだ早くないですか？
「本当は、今やっている事が自分のやりたい事ではない」と、
文句ばかり言っていませんか？
日々の生活に追われ、心の声に耳を傾けてやることを忘れていませんか？

ちょっとした事がキッカケとなり、人生大きく変わるかもしれません。
それを生かすのも殺すのも、自分次第です。
後ろばかり振り向いていないで、前を向きましょう。
言い訳ばかりしてないで、とりあえず行動する努力をしてみましょう。
人の目なんて、気にする必要などないのです。

生きることがどんなに素晴らしいか、気付いた時には感動します。
小さな世界におさまっているのは、もったいなくはないですか？
もちろん、英語や外国に行く事だけが、その助けとなるのではないでしょう。
自分にとって大切な何かを、自分のために見つけてやって欲しいのです。

自分が自分であり続けるために。
明日を、今日より素敵な日にするために。

あなたの背中には、羽根、はえていませんか？

著者プロフィール

直美（なおみ）

1968年、広島市に生まれる。
服飾系専門学校卒業。
デザイナー、会社員等を経て、
結婚後始めた英会話により、
新しい自己の発見に感動。自
分を取巻く世界を大きく変え
てくれた英語と共に、更なる
自己向上を目指している。

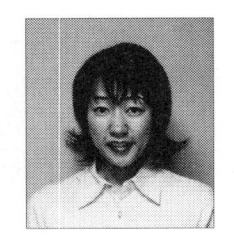

背中の羽根に気付いたら
私が飛んだ CANADA・Toronto 生活

2001年11月15日　初版第1刷発行

著　者　直　美
発行者　瓜谷　綱延
発行所　株式会社 文芸社
　　　　〒112-0004　東京都文京区後楽2-23-12
　　　　　　　　　電話　03-3814-1177（代表）
　　　　　　　　　　　　03-3814-2455（営業）
　　　　　　　　　振替　00190-8-728265
印刷所　図書印刷株式会社

©Naomi 2001 Printed in Japan
乱丁・落丁本はお取り替えいたします。
ISBN4-8355-2803-4 C0095